销售
心理学

张易轩◎著

中国商业出版社

图书在版编目（CIP）数据

销售心理学 / 张易轩著. -- 北京：中国商业出版社, 2019.12

ISBN 978-7-5208-1032-6

Ⅰ.①销… Ⅱ.①张… Ⅲ.①销售—商业心理学 Ⅳ.①F713.55

中国版本图书馆CIP数据核字(2019)第271181号

责任编辑：朱丽丽

中国商业出版社出版发行
010-63180647　www.c-cbook.com
（100053　北京广安门内报国寺1号）
新华书店经销
三河市宏顺兴印刷有限公司印刷

*

880毫米×1230毫米　32开　6印张　130千字
2020年4月第1版　2020年4月第1次印刷
定价：38.00元

****

（如有印装质量问题可更换）

序

为什么有的销售人员可以轻松搞定客户，顺利签单，而有的销售人员却屡屡碰壁呢？原因不在于前者能说，后者不能说，也不在于前者运气好，后者运气不好，而在于对顾客心理的把握上。

行为是心理的外在表现，每个行为的背后都有一定的心理在起作用。优秀的销售人员之所以能搞定客户，就是因为他们通过顾客的行为准确捕捉到了行为背后微妙的心理，之后以符合顾客心理的方式销售产品，赢得了顾客的认可，成就了自己。

迎合顾客心理的销售究竟对业绩有多大的影响，可从这项调查中获知一二：一项针对901种新产品的调查结果显示，如果以一种周到、符合消费者心理的方式销售产品，那么该产品的销售成功率（在销售环节存在5年以上算是成功）大约为53%，如果是采用缺少心理技巧的一般方法销售产品，成功率约为24%。运用心理学的方法进行销售的品牌中，对低价竞争的有效抵御力高达82%，而运用一般销售方法进行销售的品牌中，只有10%的产品能勉强抵御住低价竞争。可见运用心理学销售对提高销售业绩和提升品牌价值有非常大的影响。

可以断言，一个不懂销售心理学的营销员是做不好销售的。消费者的消费心理是复杂和微妙的，不懂得站在消费者的立场考虑消费者的实际需要，不懂得利用消费者的心理推荐产品，不知道怎样有效激发消费者的购买欲望，就不能成为一个好的销售人员。

可以说每一个成功的销售人员都是一名合格的销售心理学家，他们的成功都建立在对顾客心理的精准把握和利用上。本书汇集了销售心理学的研究成果，从了解顾客的心理需求到运用心理学方法满足顾客需要，建立了一条通往消费者心理的销售捷径，在探究顾客消费心理的基础上，提供实用、专业的销售技巧，相信能够对从事销售的营销人员有一定的帮助。

目录
CONTENTS

上篇　销售人员要懂的消费心理学
——需求心理是消费行为的根本驱动力

第一章　我买故我在——消费是生活的需要

消费者普遍心理动机 \ 004

通过消费满足精神需求 \ 007

把消费变成一种投资 \ 010

你有我也要有：为面子买单 \ 012

第二章　兴趣拉动消费——消费情绪决定消费行为

兴趣在哪里，消费就在哪里 \ 016

心情好的时候，更愿意消费 \ 019

出于恐惧而消费 \ 022

用心体验，放心消费 \ 025

自由选择，轻松购物 \ 029

刺激心理，刺激消费 \ 032

你不卖，我偏要买 \ 035

当上帝，就要享受上帝的礼遇 \ 038

走不出去的"要优惠心理" \ 041

"谢绝议价"是消费的止步牌 \ 044

要的不是便宜，是便宜的感觉 \ 047

从众——消费者难掩的情结 \ 050

第三章　培养消费忠诚——你够专业，我才够忠诚

消费的"权威效应" \ 054

你够专业，他才够忠诚 \ 057

买东西，也许只因为卖东西的人 \ 060

你的形象就是商品的形象 \ 063

专家式介绍更能获得信赖 \ 067

满意度决定忠诚度 \ 069

销售细节决定销售成败 \ 072

服务到位，满意到家 \ 076

让顾客的"担心"变"放心" \ 079

下篇　销售人员如何做顾客才会买
——满足消费心理突破销售困境

第四章　用嘴不如用心——了解客户的心，把握客户的人

消费者拒绝背后的潜台词 \ 086

嫌货人才是买货人 \ 090

言谈举止中藏着成交信号 \ 093

做一个察言观色的高手 \ 096

抓住顾客的"性格软肋" \ 099

第五章　近身才有机会——有好的关系，才有好的生意

与消费者建立同体观 \ 106

用幽默拉近与顾客的关系 \ 109

尊重消费者的"私人空间" \ 112

把顾客"悄悄"拉入销售中 \ 115

站在消费者的立场说话办事 \ 118

人性化销售必不可少 \ 121

我喜欢你是因为你喜欢我 \ 124

亲切地叫出顾客的名字 \ 127

第六章 把话说到点上——客户的痛点，是销售攻略的焦点

话不在多，攻心最关键 \ 130

说在心坎上，一句顶千句 \ 133

问对了就能成交 \ 136

先聊产品再说价格 \ 139

在报价上做好文章 \ 143

用承诺消除顾客心理担忧 \ 146

第七章 会说不如会听——你说他听，有时不如他说你听

80%的交易靠倾听完成 \ 150

倾听客户说话时要注意什么 \ 153

耐心倾听三部曲 \ 156

通过语态听出客户的性格 \ 159

口头语展示客户心性 \ 162

第八章 劝导不如诱导——让顾客去做，永远不如让顾客想去做

说什么重要，怎样说更重要 \ 168

婉言相劝，巧妙激将 \ 171

让顾客按着你的思路走 \ 175

让引导成为说服的第一手段 \ 178

让顾客多说"是"，少说"不" \ 181

上 篇

销售人员要懂的消费心理学

——需求心理是消费行为的根本驱动力

　　心理学告诉我们，人做任何事都是为了满足自己各种各样的心理需求。从这个结论可推知，顾客永远都是为了满足自己的某种需求才购买商品的，而不是因为其他人、其他原因而购买。

第一章

我买故我在——消费是生活的需要

　　生活消费是人们的基础消费,维系着人们的生存。实际上,生活消费不只关系到衣食住行,还关系到精神需求。消费者通过购买行为建立自己的身份认同,寻找归属感。

消费者普遍心理动机

消费者花钱消费，首先是为了生活。生活必需品的购买维持着我们的生命，如吃饭、穿衣、住宅、医疗等。这些物品是生存的必需，也就是说，它是必不可少的基础需要，也是推动消费者行为的强大动力。一句话：为了生存，我得消费。

然而，即使是对于人类最原始、最基本的需要，消费者的购买行为也并不是一成不变的，其购买决策的有效性会随其消费心理的变化而变化。比如填饱肚子这件事，本来吃一份10元钱的快餐就能饱肚子，但是最后却吃了一份120元的西式套餐。这里，可以说就有110元的心理消费。

因此，想做一个优秀的销售人员，就一定要懂得消费者的心理。针对不同的消费者采取适当的应对措施，更好地说服并激发他们潜在的购买欲望。

归纳起来，消费者在生存消费行为中主要有以下几种心理动机：

1.求实

消费者在购买生活必需品时，首先要求商品必须具备实际的使用价值，讲究实用。消费者的这种求实心理，可以说是消费者普遍存在的心理动机。这种心理动机往往还表现为对物品安全性的要求，尤其像食品、药品、洗涤用品、卫生用品、电器用品和交通工具等，他们往往会更重视食品的保鲜期，药品有无副作用，洗涤用品有无化学反应，电器用品有无漏电现象等。

2. 求廉

购买物美价廉的商品是消费者基本的购物心理。不仅是经济收入较低者，很多经济收入较高的人在购物时也往往要对同类商品之间的价格差异进行仔细比较，精打细算，以达到"少花钱多办事"的效果。

3. 求美

爱美之心人皆有之。消费者在讲究实用、精打细算的同时，也会特别注重商品外观，注重商品对人体的美化作用，对环境的装饰作用，力争达到经济实用和精神享受的双重目的。

4. 求利

这是一种"少花钱多办事"的心理动机，其核心是"廉价"。有求利心理的消费者，在选购商品时，往往要对同类商品之间的价格差异进行仔细的比较，还喜欢选购打折或处理商品。

5. 求新

求新，也是人的一种基本欲望，即在自己周围的环境中寻求新异刺激，以满足自己的好奇心。这种心理动机在消费上的表现就是购买物品注重"时髦"和"奇特"，喜欢赶"潮流"。从这个意义上来说，这也是一种从众式的购买动机的表现。

6. 求稳

"求稳"心理，实质上体现的是一种安于现状的习惯性心态，表现在消费中，就是许多消费者常常购买固定牌子的商品，即惯性消费倾向。消费者这种对某种牌子的忠诚使得其他牌子的推销商很难赢得这些消费者。不过，任何事物都有两面性，商家也可以利用消费者的惯性消费倾向，发掘和稳定自己的目标消费群，培养他们的品牌忠诚度。

7.求名

衣食住行选用名牌，不仅提高生活质量，同时也是一个人社会地位的体现。在现代社会中，消费者求名的心理动机，使得他们购物时往往选用名牌产品，以达到显示自己地位和威望的目的。

8.求安全

有这种心理的人，购物时不愿为他人所知，常常采取"秘密行动"。他们一旦选中某件商品，而周围无旁人观看时，便迅速成交。年轻人购买和性有关的商品时常有这种情况，还有一些知名度很高的名人在购买高档商品时，也有类似情况。

总而言之，消费者的购买行为一定是受一种购买动机或多种购买动机支配的。研究清楚这些动机，对销售人员来说意义重大，就好比掌握了打开销售大门的金钥匙。

通过消费满足精神需求

消费者的购买行为,有时候也可以作为一项身份活动而存在,尤其是在一个产品丰富得让人无法想象的时代、一个产品差异越来越小的时代,消费者希望通过选择某种产品,来向别人宣告:我是谁、我的喜好、我的品味、我的价值主张、我的身份等等。

从这个意义上来说,营销就是一种身份识别与界定,销售人员通过产品——某种身份的载体——帮助消费者完成自我的表达,消费者通过购买行为建立身份认同,寻找归属感。

一位年轻的女士在店里边走边看,最后在一件设计比较时尚、个性的风衣面前停下了脚步。销售人员见状就走上前对她说:"小姐,喜欢的话可以试穿一下,我看您的身材比较高挑,这件衣服一定可以显出您优美的身材。"

女士试了试,脸上露出了满意的笑容,并询问销售人员衣服的价格。销售人员回答说:"1080元,而且因为店庆的原因,如果您现在购买的话可以给您打九五折。我看这件衣服特别适合您,买一件吧!"年轻女士爽快地说:"好的,这件衣服我要了!"

销售人员见生意谈成,内心高兴,边包衣服边恭维地说:"小姐您真是太有眼力了,很多人都喜欢这种款式的。"

"哦?是吗?"年轻的小姐听了这话以后,沉默了一会儿,然后微笑着对销售人员说:"不好意思,我想我还是不要了吧!"

这里,让销售人员到手的生意瞬间告吹的根本原因,就是该销售人员没有抓住消费者对于身份需求的心理倾向。要知道,大多数的年轻消费者都有着自己另类的信念和品位,他们在消费过程中,往往喜欢标新立异,喜欢让自己变得更加独特,在众人之中脱颖而出。因此,他们在购物的时候,总是喜欢比较另类、大多数人不曾购买的东西。很明显,这个案例中的女士就属于这样的消费者,和其他人穿着一模一样的服装,经常和别人"撞衫",一定是她最为不能容忍的,因此销售人员最后的那句恭维话致使生意泡汤了。

还有很多时候,消费者买一样东西看中的并不完全是它的使用价值,而是希望以此来显示自己的财富、地位或其他方面,以此来获得精神满足,比如一辆高档轿车、一部昂贵的手机、一栋超大的房子、一顿天价年夜饭⋯⋯"不求最好,但求最贵",制度经济学派的开山鼻祖范伯伦将此称为炫耀性消费。

有相当一部分人是从这个角度出发消费的,而且对自我的评价越是不确定或者越是负面,这种现象就越是明显。这时,消费就成了一种用来补偿失败的自我、体现理想化形象的手段。

从这个意义上来说,消费者其实是在消费符号,因为符号可以带来愉悦、兴奋、炫耀、身份、地位、阶层、高级等美好的心理感觉。奢侈品的A货、高仿品泛滥的市场也从侧面说明符号消费对消费者如何重要。消费者往往并不在意或已彻底忘记了一个LV包的材质,但却会特别在意LV包的LOGO——符号是否能被别人清晰地看到。

这类消费者在消费之前,往往要经过仔细思考:什么样的品牌能更加吸引人们的注意，什么样的款式将更加流行。因此一些企业将品牌标识扩大并运用于各自产品明显的位置上，目的就是要给予消费者被人关注、受人羡慕的满足感。

总之，在物质需求得到满足的同时，人们更希望得到精神需求的满足。对于这样的消费者来说，只有将产品与他们的价值主张和身份属性画上等号，他们才会获得身份认同感、归属感和安全感，才会比较容易接受销售人员的意见。这也就是"精神需求"在销售活动中的奇妙力量。

这就要求销售人员在推销过程当中，要善于从消费者的言谈举止中发现其心理倾向，然后再针对其心理态势寻找突破口，了解什么对这个顾客具有最大的吸引力，什么是这个顾客最为需要的。只有了解了这些，并及时予以满足，销售才能取得成功。

把消费变成一种投资

正如买珠宝不只为了佩戴，买古玩不只为了欣赏……现代人的消费行为已经不单纯地是为了满足基本需求了：在人们不断成熟的消费理念中，投资型消费已经在逐渐替代传统的支出型消费，即消费者普遍存在一种这样的心态——希望自己花的钱能够物超所值，渴望自己的消费能够变成投资，实际上，这也是一种出于生存的需要。

不过消费者不是随便找一个地儿花钱当投资的，他们需要看到回报率。这也就解释了为什么某件商品中虽然有消费者想要的利益，可是其并不一定会去购买。消费者在决定购买并把商品放上真正的天平之前，是要先在心中这个无形的天平上进行衡量的，天平的两端分别是购买成本与商品价值，当天平上购买成本一侧加重时，则很难达成交易；而天平倾向于商品价值时，交易则可以顺利达成。因此，只有商品价值与购买成本在消费者心中达到一种平衡或拥有更高的商品价值认定，消费者才可能会购买。

从这个角度来说，销售人员在向消费者推销产品时，便可以顺应消费者的这一心理，让消费者看到想要的回报率，看到希望。销售人员可以绘制一张消费心理天平图，天平的一侧列出消费者购买商品可以获得的各种价值，另一侧则是消费者购买商品所要付出的各种成本。销售人员此时只要增加天平上商品价值一侧的筹码，同时减少消费者的各项购买成本，商品就会很容易销售出去。

一位太太向销售人员抱怨一条项链太贵，销售人员如果说："太太，8000元的价格已经很便宜了，你到任何珠宝店都不可能买到这么便宜的项链……"这个销售人员在就商品卖商品，就价格比价格。这样的说辞好吗？其实，这时消费者的心里是矛盾的，她既希望少付出购买成本，又希望项链很有价值，可是销售人员的说辞否定了项链的价值，告诉她这是最便宜的珠宝，显然上述的说辞是不合适的。

若销售人员换一种方式："太太，这条项链太适合您了，看起来那样高贵、漂亮，带在您的身上看起来少说也值几万元，即使以后您不喜欢它的式样了，还可以在我们这里以旧换新，没准到时还会升值呢！"显然，这样的说辞会大大提升成交的概率，因为销售人员强调了这条项链同这位太太搭配后产生的价值，而这种价值正是这位太太最在意的，当其认可了这种价值，心理上的购买成本自然相对就下降了。

当消费者的购买行为由单纯的消费转化为投资，实现角色转换时，其心理也经历了相应的变化，此时，在消费者心中，投资消费的比重超过了享受消费的比重。销售人员在与顾客的交流沟通中，要及时察觉这种心理变化，并能针对其心理状态采取合适的销售措施，方能推进交易向前发展。

你有我也要有：为面子买单

互相攀比是人们常有的一种心态，比如同学之间攀比成绩，企业之间攀比效益。不过，最常见的攀比还是表现在消费行为中：当别人拥有某件东西的时候，自己也想要拥有，否则心里就会非常不爽，直到拥有了这件东西，那种心理不适感才会消失。

一次公司委派孟璐和唐甜两位美女结伴出差。出差的间隙，两位美女少不了安排在空闲的时间到当地的商场去购物。孟璐承认："平时购物，我都挑选一些中等价位的产品，普通的衣服一般在几百元，很少有四位数的；购买化妆品，也是挑一些自己可以承受的二线品牌，既实惠质量也不差。"可是与和自己收入相当的唐甜相比，孟璐不由得自惭形秽起来，觉得自己简直太"小儿科"了。

"唐甜出手很阔绰，七八百元的化妆品，上千元的衬衫，四五千元的皮包，她买起来似乎眼睛都不眨，还连呼便宜，物超所值，动员我一起血拼。"在孟璐看来，这些商品尽管也不是很贵，但也远远超过了自己的消费能力。但是看到唐甜买了，她觉得自己也应该买，要不然会让对方笑话，甚至瞧不起的。于是她也花掉自己近半个月的收入，买了一个名牌皮包。

可是买完之后，她就后悔了，因为她实际上并不缺皮包，另外，每个月还要和丈夫一起偿还一笔不小的房贷按揭款，买一个手包就花掉了自己半个月的薪水，孟璐想想就后悔莫及，可是已经买了，也就只能作罢。

中国品牌战略协会的一份研究报告也显示，中国的奢侈品消费人群靠自己的实力和财富来消费的只占四成左右，其余六成的人群是靠家庭的财富在消费，这部分人主要为30～35岁之间的年轻人，绝大多数是攀比和炫耀的心态在作祟。LV的背包、迪奥的香水、登喜路的套装，这些都是动辄上万元的高价奢侈品，在中国却可以找到大量30岁上下的年轻消费者，由此可见攀比的心态对商品消费的作用力。

有着攀比心理的消费者，多属于冲动型消费者。他们往往有一种争强好胜的心理，购买的商品往往不是自己急切需要或符合实际需求的，只是看到别人选什么，自己就选什么来求得心理上的平衡，在购买商品时有一种偶然性和浓厚的感情因素。

在互相攀比的心理中蕴含着"面子情结"。面子在中国社会中，代表着体面、人格，甚至尊严。林语堂先生说过一句很有意思的话："在中国，脸面比任何其他世俗的财产都宝贵。"

这样一来为面子买单的事似乎也就可以理解了，很多人为赢得面子毫不犹豫地"买买买"，虽然事后也会后悔，捶胸顿足，追悔莫及，但下次遇到类似情况，还是照买不误，这也是"面子消费"市场一直火爆的原因所在。

虽然这种消费方式不值得提倡，但却是客观存在的，这就给销售人员提供了拓展业绩的良机，提醒他们，在与顾客沟通时，要抓住机会给予对方以"面子"上的极大满足，往往就能获得他们想要的结果。

第二章

兴趣拉动消费——消费情绪决定消费行为

消费行为受消费情绪的影响，很多情况下，消费情绪甚至决定了消费行为。所以说，在一定程度上，是兴趣、是情绪促进了消费，拉动了CPI。

兴趣在哪里，消费就在哪里

兴趣是情绪的一种，兴趣所在，其情绪必然高涨，反之，兴趣全无，情绪也必然低落。正所谓：兴之所至，心之所安。

兴趣表现在消费行为中可做这样的表述：消费兴趣是人们需要某一种商品或劳务的情绪倾向，是消费者购买行为的主要动力之一。

事实证明，没有人会对自己不感兴趣的事情投入过多的精力，而如果是自己感兴趣的事情则会情绪激昂地参与进来。一个不爱吸烟的人，很难见到他经常去商店购买香烟。相反，一个爱美的年轻女子，你经常看到她去商店购买款式新颖的服装或化妆品。只因为各自的兴趣不同。

大兵是A市鼎盛装修公司的业务人员，一次他去拜访一位客户。这位客户是本市农贸市场的经理。农贸市场正筹备扩建，正需要装修公司的协助。见面之后，大兵对自己公司的产品做了详细的说明，试图让对方感兴趣。可能因为接触了太多的类似业务，对方对大兵说的一切并不感兴趣。

大兵很快发觉了对方的倦怠情绪，意识到如果自己再这样说下去，肯定会引起顾客的反感，合作可能就此泡汤，于是他马上停止了话题，重新思考什么话题能引起对方的兴趣。

这时他发现对方背后的书橱里放着许多关于"易经"方面的书，并且办公桌的案头也有一本看了一半的《易经》，他心头一亮，知道了该如何引起对方的兴趣。于是他话题一转说："看您收藏有许多古代文化经典，想必对易经也十分有研究，深得里面的精髓吧？"对方正打算结束谈话，一听到《易经》，一下又有了精神，说："不敢说深得精髓，略有研究，闲暇时喜欢琢磨琢磨。"

大兵顺势说："我也很喜欢古典文化，对《易经》也特别感兴趣，也曾经了解过，不过里面的内容博大精深，包罗万象，我所知有限，希望有机会跟您讨教。"

对方马上被吸引了过来，一下子有了兴致，和大兵讨论开来。幸运的是大兵的一些见地与对方不谋而合，这让对方很是高兴。午餐时间到了，大兵客气告辞，对方谈兴正浓，邀请大兵共进午餐，边吃边聊。

几天后，对方热情地和大兵签订了合作协议，双方正式合作。这一切的因缘只在于大兵适时提到了对方感兴趣的事情，迎合了对方的心理需求。

由此可见，兴趣与爱好对消费者的购买行为有着多么重要的影响，可以说兴趣在哪里，消费就在哪里。这也符合人性之需求。

消费者的这种心理需求客观上对销售人员的素质提出了更高的要求。因为销售人员不是全能的，不是什么都喜欢，什么都知晓，并不能够迎合所有的顾客。但是要想提高销售业绩，就只能给自己加压，督促自己不断学习，了解的知识越多，见闻越广博，就越能够自如地应付更多的顾客。很多知识，即使不精通，也要了解大概，避免某天和顾客谈起，不会因一无所知而冷场，导致交流无法进行。

不仅知识要尽量广博,还要练就一双善于发现的眼睛,善于在消费者的言谈举止中发现他们的兴趣所在,并能以此建立共同的话题,缩短彼此之间的距离,化解双方心理上的隔阂,使自己得到顾客的认同和接受,为合作打下良好的情感基础。

心情好的时候，更愿意消费

一个人心情好的时候，也是他最大方、待人最和善的时候。俗话说："人逢喜事精神爽。"一个好心情的人眼中的世界是明亮的，充满了阳光和希望；而一个人心情差时，则会表现得比较抠门，对别人的求助充满冷漠和厌恶。一个坏心情的人，看谁都不顺眼，在他眼中世界是灰暗的，每个人都在算计他，都在给他挖坑设套。此时你若张口求他办事，多半会遭到拒绝。可以姑且称之为"心情定律"。

很多时候，消费者对商品的满意度往往也是凭"心情"的，并不是产品好，消费者就一定会满意，心情作为一种产品附加的无形价值，会使消费者在鉴赏、选购的过程中得到精神享受。在美好的心情之下，消费者往往更愿意下单购买。

一位中年妇女走进汽车销售人员乔·吉拉德的展销室，说她想在那儿坐坐，打发一会儿时间。闲谈中，她告诉吉拉德她想买一辆白色的福特轿车，就像她表姐开的那辆，但对面福特车的推销员让她过一个小时再去，所以她就先到这儿来看看。她还说这是她送给自己的生日礼物："今天是我55岁的生日。"

"生日快乐!夫人。"吉拉德献上真挚的祝福，随后他出去交代了一下，然后回来对她说："夫人，您喜欢白色的车，这样，既然您现在有时间,我给您介绍一下我们的双门式轿车,也是白色的。"正谈着,吉拉德的秘书走了进来,递给吉拉德一束玫瑰。吉拉德把这束花送给了那位中年妇女:"祝您长寿,尊敬的夫人。"

这位中年妇女被吉拉德这一举动感动了,眼眶都湿了。"已经很久没有人送我礼物了。"她说,"刚才那位福特车的推销员一定是看我开了部旧车,以为我买不起新车。我刚要看车,他却说让我等他先去收一笔款。其实我只是想买一辆白色车而已,只不过表姐的车是福特,我才想买福特的。现在想想,不买福特也可以。"

最后她在吉拉德那里买走了一辆雪佛兰,并填写了一张全额支票。

这就是情绪在消费者心中所起的巨大作用!一般来说,消费者将购物作为一种快乐行为有以下几种心理依据。

1. 享受消费过程

消费成为一种娱乐行为,核心是求新求异。在购物过程中,通过追求特异、新奇的东西,消费者会获得满足感。例如,女性消费者爱逛商场的一个很重要的动机,就是去欣赏美——比如商场里的珠宝、服饰,通过灯光的烘托、合理的搭配,都显得很美——从而体验到一种赏心悦目的快乐感。另外,有的女性借着触摸物品等活动来消除心中的郁闷,即使不购买,她们也会有一种拥有感。

消费者除了被体验新物品的吸引力抓住外,还伴随着购物过程的兴奋。这种兴奋从准备购买时开始上升,一直持续到做出购买决定以及付钱。之后兴奋很快消散,直到产生新的欲念。

2. 获得心灵补偿

有些时候,消费者购买商品时还带有一种补偿的色彩,这时,花钱就是一种体贴,一种抚慰,可以在生活很不如意的时候作为一剂药方。例如，很多人在工作中遇到挫折，然后心烦意乱地在商店里寻找一件能帮助他们暂时忘却痛苦的物品。很多强迫性购物者的行为方式就是由此发展而来。

很多消费者在其消费过程中，尤其是女性，一般都喜欢结伴而行，借助购物和好友进行人际交往，这也更容易获得人际交往的满足感。

3. 购买快乐经历

除了把物质作为快乐的核心外，一些更加明智的消费者则倾向于花钱购买快乐经历，例如听场音乐会、看场电影或演出、远行度假、去学舞蹈、出去写生、去蹦极等。这是因为人们对经历的记忆，很容易随着时间的流逝而进行过滤，比如，我们可能会忘却令人疲乏的飞行旅程，而只记得在沙滩上全身放松的美妙时刻。但是，我们购买的商品却会随着时间的流逝而变得破旧过时。

同时，购买"经历"往往会让我们与他人共度时光，而这正是一种最有效的给我们带来快乐的行为。而且，把经历告诉别人，也可以增加与别人的交流，给人带来更多的快乐。

既然知道了消费者花钱买快乐的心理需求，销售人员就可以将这一点作为一个很好的突破口，即你要想顾客把一掷千金的劲头都用在你的身上，你就要想办法让你的顾客心情好起来，通过人为的因素使其感到舒适、自由和快乐，进而产生消费的欲望。

出于恐惧而消费

通常情况下，销售人员在向消费者推销自己的产品时，往往给消费者营造一种温馨的氛围，即"使用了我的产品之后，你会得到什么样的享受"，但一些情况下却是，许多商家及销售人员频频使出"恐吓"伎俩，例如保险公司、银行、医药保健公司等，在其销售过程中加入了恐惧的元素，而消费者也确实常常为销售人员营造的"恐惧"所吓到而"被迫"消费。

丈夫出差回到家，突然发现客厅角落里多了一个家用灭火器。询问后知道是妻子买的。一个家用灭火器公司到妻子任教的学校做推销活动。"现场展出很多照片，全是火灾现场，吓死人。"妻子向丈夫还原了活动现场：在一个相对封闭的会场里，血淋淋的照片，满目疮痍的火灾现场，痛不欲生的当事人，都告诉消费者发生在家庭的火灾是如何的恐怖。相信没有人不为这样的场景感到恐惧，尤其是那些参会的家庭主妇。

与此同时，营销人员不失时机地向众人推荐这种家庭用的灭火器，他并不告诉大家拥有这个家庭灭火器就可以避免一切火灾，而是说：有一个灭火器，总比没有好吧，而且才100多元钱，100多元也就是一家三口出去吃顿饭的钱，用这个钱来避免火灾，太值了！于是，在恐惧的气氛中，这个冷冰冰的罐子，被家庭主妇们抢购一空。

可以说，恐惧是最能左右人们情绪的要素之一。害怕生病、害怕死亡、害怕被看不起、害怕失去……每一个人都会有恐惧感。家用灭火器的销售人员正是利用了消费者的恐惧心理，为消费者制造震惊，击溃了他们的心理防线，从而顺利地使消费者发生兴趣，引导了消费。

除了利用场景渲染恐怖效果引起消费者的恐惧心理外，销售人员还常常利用语言描述及数字渲染来达到这一目的。

1. 语言描述

很多时候，恐惧源于幻想。消费者听到销售人员对于不利情况的语言描述，往往会在内心形成一幅令自己恐惧的场景。比如说保险公司不停地告诉消费者，应该购买某种保险，因为未来充满了风险，一旦发生了意外，如果没有买保险，就会处于多悲惨的境况；银行的理财顾问频频向消费者暗示，通货膨胀正在加剧，应该购买他们银行新推出的某款理财产品，否则钱就会越来越贬值，甚至到最后会连基本的生活都无法保障……消费者通过销售人员的描述和自己的联想形成的恐惧心理，促使他们购买能够使得他们"安心"的产品。

2. 数字渲染

用具体数字来说明问题，可以使说明更确切、更具体，更具说服力。例如，人寿保险销售人员在遇到消费者后，总是先告诉他们这样一项统计资料："据官方最近公布的人口统计资料，有一项值得人们关切的事实：90%以上的夫妇都是丈夫先妻子而逝。因此你是否打算就这一事实早做适当安排呢？最安全可靠的办法，当然是尽快投保人寿保险。"再比如，轮胎销售人员对消费者说：

"去年高速公路上发生多起汽车事故，30%的事故原因是爆胎！"

　　这里用到的数字，提供了一般人所不注意又确实存在的事实，既令人震惊又令人担忧，能引起消费者的格外注意和重视。销售人员便可利用消费者震惊后产生的恐慌心理，适时地提出解决方案，这样就更容易达到成交目的。

　　总之，无论是真真切切还是隐晦暗示，很多销售人员都巧妙地通过给消费者营造"恐惧"氛围，来达到把控消费者消费行为的目的。

用心体验，放心消费

通常情况下，消费者在购物时最关心的是产品的质量问题，害怕花了钱却买不到称心如意的产品。然而，产品的质量单纯地靠理性说服是远远不够的，能够轻松赢得消费者的最好办法就是设法满足"先体验，后购买"的情感诉求。因此，为消费者提供一个体验的平台是非常重要的。销售人员要让消费者能够听到、看到、摸到、感受到自己的商品，才会加深他们的感觉，使他们消除疑虑，产生信任。

体验式销售不但可以增进消费者对产品的了解和好感，而且也会增强消费者对销售人员及产品的信任度，提高消费信心，缩短销售成交的时间。这是有心理学依据的。从心理学的角度看，人的情绪最容易被调动起来的时刻是当其身临其境、亲身感受之时，而消费者在体验产品时不自觉地就会投入感情，并且会产生希望拥有的心理暗示，这些心理反应促使消费者更快地做出购买决定。

所以，销售人员要想把自己的产品成功地推销给消费者，尤其是在各行各业的竞争近乎白热化的今天，不要忘了在合适的环境下尽可能让消费者先体验。美好的亲身体验会增强消费者对产品的喜欢和偏爱，消费者在体验的过程中会牢牢记住产品的优点，忽略那些微不足道的"小毛病"，在心理上拉近与产品的距离。

就体验的形式而言,伯恩德·H.施密特在《体验式营销》一书中将其分为五种类型:

1. 知觉体验

知觉体验即感官体验,将视觉、听觉、触觉、味觉与嗅觉等知觉器官应用在体验营销上。例如:如果你卖的是床垫,就请客户躺在上面试试;如果卖的是相机,就让客户拿着相机对焦空拍几张;如果卖的是服装,就鼓励客户试穿一下;如果卖的是快餐食品,就准备一些让客户品尝,等等。销售人员就是要让客户先睹为快、先闻为快、先摸为快,一旦客户为之心动,成交也就不远了。

2. 思维体验

思维体验就是以创意的方式引起消费者的好奇、兴趣,对问题进行集中或分散的思考,为消费者创造认知和解决问题的体验。比如,推销"新马泰十日游",销售人员当然没有办法将那些旅游景点一一搬过来让顾客感受和触摸,但却可以调动消费者的想象力,通过自己具体的、生动的、绘声绘色的描述,让美好的东西在消费者的脑海中具体化,产生身临其境的效果,这样也能使消费者参与进来。

3. 行为体验

行为体验是指通过增加消费者的身体体验,指出他们做事的替代方法、替代的生活形态,丰富消费者的生活,从而使消费者被激发或自发地改变生活形态。美国一个销售安全玻璃的业务员,随身的皮包里面总是放着许多截成15厘米见方的安全玻璃和一个铁锤。每当去拜访客户的时候,总会问他们:"你相不相信安全玻璃?"当客户说不相信的时候,他就把玻璃放在他们面前,然后拿铁锤用力敲。每当这时，许多客户都会吓一跳，但同时他们发现玻璃真的没有碎裂。他们的兴趣就提了上来，在有需求的情况下，合作是水到渠成的事。

4.情感体验

情感体验是指让消费者在消费中感受到各种情感，如亲情、友情等。麦当劳曾请富有才华的广告经纪人雷哈德负责为其制作广告。雷哈德本想从汉堡品质入手，但调查结果显示，麦当劳的汉堡与其他几家制作的汉堡在品质、口味上并无显著差别。于是，雷哈德决定不以麦当劳汉堡的好味道作为广告的主题，而以麦当劳可以带给消费者一段家庭欢聚的快乐时光为切入点。结果大获成功。

5.相关体验

相关体验即以通过实践自我改进的个人渴望，使别人对自己产生好感。它使消费者和一个较广泛的社会系统产生关联，从而建立对某种品牌的偏好。例如，法国兰金化妆品公司的一个销售策略就是让客户参与销售。一旦确定了客户的需求之后，销售人员便会提供该产品的试用样品——无论是清洁乳液、口红还是香水——并开始为客户试用。一旦客户试用了兰金的产品，销售人员就能创造出一幅客户所期望的美的形象。化妆品的香味、质地、颜色共同创造出一场多感传递的高效销售说明。结果如同商家所预料般的美好。

不过，尽管体验式销售可以拉近销售人员与顾客之间的距离，成为销售人员推销的有力武器。但体验式销售并不适用于所有行业和所有产品，产品只有具备不可查知性，其品质必须通过使用才能断定的特性，才可以运用这种方式。因此，销售人员只有在推销这类产品的时候才能实行体验式销售。

体验式销售虽然在我国有了一定的发展，甚至在某些方面取得了一定的成功，但是还有很大的发展空间，而且在应用实践中也存在一些问题。销售人员要深入研究这些表象，改进不足，努力让体验销售走上一个新台阶，给消费者更好的感受，以赢取更好的业绩。

自由选择，轻松购物

有时，我们会发现一种奇怪的现象：那些紧跟消费者身边热情推销的销售人员，反而不如让消费者自由选购商品的销售人员业绩好。

这是为什么呢？这其实就是"自由选择"的力量！"自由"这个词包含着改变人们行为的实际影响力。简简单单对一个人说他是完全自由的，就有可能引导他完成你的心愿。

研究人员曾做过这样一项实验：实验者在街上向路人借钱买公车票。当在"您请随意"的条件设计中，对路人这样请求："您接受也行，拒绝也无妨，但您能不能借我几元钱买车票？"在对照实验中，只是说："您可以借我几元钱买车票吗？"结果是，当表示自愿的时候，不仅出钱的人数增多，而且给得更大方。

从实验来看，自由感是个人自发的实施某种行为必不可少的条件。在消费行为中，这种心理往往表现为：消费者更喜欢一种宽松的、自由的购物环境供他们观赏和挑选，如果销售人员过分热情，紧紧跟随，并喋喋不休地介绍商品，会让消费者反感，会让他们感到一种无形的压力，反而趁早"逃之夭夭"。

在消费者这种"自由选择，轻松购物"的心理需求下，销售人员要给消费者以"自由"的感觉来达到顺利销售商品的目的。

1. 不要过分热情

在销售中，热情是被销售人员认同的必需的一个服务环节，消费者进店要笑脸相迎，主动去招呼，即使买卖不成也同样需要热情，但任何的事情都有一个"度"。太冷漠会使消费者失去购买兴趣，太过热情也会吓着顾客。日本的一家商业机构调查，在店门口安排两名营业员，不时地向路人发出"欢迎光临"的邀请，又是微笑又是鞠躬。结果，多数路人都绕道而行。

销售人员要有不会使人感到过度和不自然的热情，比如需要与消费者保持恰当的距离，用目光跟随顾客、观察顾客。如发现顾客有需要，则要立即上前。

一般来说，招呼的最好时机应该是消费者的心理阶段在"兴趣阶段"时最为理想。以下几种情况是消费者产生兴趣的表现：当消费者看着某件商品（表示有兴趣）；当消费者突然停下脚步（表示看到了喜爱的商品）；当消费者仔细地打量某件商品（表示有需求，欲购买）；当消费者找标签、价格（表示已产生兴趣，想知道品牌、价格、产品成分）；当消费者看着产品又四处张望（表示欲寻求销售人员的帮助）；主动提问（表示消费者需要帮助或介绍）。当遇到这些情况的时候，销售人员就可以上前招呼了。不过，还要注意千万别出其不意地在消费者的背后出声，这样恐怕会吓到对方，而且有跟踪之嫌，应该从侧面自然地打招呼。

2. 不要强买强卖

消费者的消费决策，同样需要感受到这是基于自由意志做出的决定。因此，当顾客选好了商品，却还难以做决定时，销售人员即使心里再着急，也不能催逼顾客，可以温婉地提出建议供顾客做选择，通常会促进交易达成。

有个大学生想买一套音响，可能由于产品种类很多加上经济条件所限，一时不知该选哪个好。正当他徘徊不定的时候，导购人员看穿了他的心思，上前温和地说："好的音响售价都比较高，功效也都有所差别，您仔细对比一下，根据自己的实际需要选购，没有必要买价格又高又不适合自己需求的，毕竟适合自己的才是最好的。"

听了这话，大学生神情变得轻松，不再忧心忡忡。在又比较了一番后，最后选购了一款适合自己需求的音响。

没有一个人喜欢被支配。如果试图支配消费者的感觉，他们只能对你产生抵触，多半会对你敬而远之。试想一下，如果这个导购不顾实际对大学生说："您看的音响质量都是非常好的，看的人几乎都买了，好东西好价格，现在不买以后只会更贵！不要犹豫了，过了这个村就没这个店了。"这样强买强卖式销售，会让对方的感觉不太好，交易可能就遭遇失败。

总而言之，销售人员在做到热情、周到服务的同时，一定要给消费者留有一个自由选择的空间，让其自由观看、比较，当感觉消费者需要帮助时再给予帮助。

刺激心理，刺激消费

环境的刺激会引起人的生理和心理反应，例如，我们在自己的家里、在自己的亲人面前不会感到拘束，而在其他场合多多少少会感到拘束，而这种因为环境造成的不一样的感觉又必然会影响到我们的行为。

一位心理学家曾做过这样一个实验：他让10个人穿过一个黑暗的房间，在他的引导下，这10个人都成功地穿过去了。然后，心理学家打开房内的一盏灯，在昏黄的灯光下，大家都惊出一身冷汗，原来地面是一个大水池，水池里有十几条大鳄鱼，水池上方搭着一座窄窄的小木桥，刚才他们就是从小木桥上走过去的。

这时，心理学家问："现在，你们当中还有谁愿意再走一次呢？"结果没有人敢站出来再走一次。过了一会，有两个胆子比较大的人站了出来。两个人小心翼翼地走上窄窄的小木桥，速度比第一次慢了许多，而且个个都很小心，担心掉入水池。终于走到了尽头，两个人满头大汗，心怦怦乱跳。

心理学家又打开房间的几盏灯，人们看见小木桥下方装有一张安全网，由于网线颜色极浅，不仔细根本看不见。"现在你们还敢通过这座小桥吗？"心理学家问道。这次站出来的人比上次多了一些，有6个人愿意再走一次，毕竟有安全网保护，危险性就降低了很多，即使掉下去也不会有什么大事。虽然6个人还是比较小心，但是速度快了很多，一会儿就顺利地通过了小木桥。

最后还剩下的两个人没有站出来，心理学家问："你们为何不愿意走呢？"此时，两个人异口同声地问道："这张安全网牢固吗？"这时，心理学家笑了笑，把房间里所有的灯都打开了，光线更足更亮，大家这才发现，原来水池里的大鳄鱼都只是模型而已，不是真的鳄鱼。

这个实验说明了环境可以给人的心理造成巨大影响，并进而影响人的行为。

推而广之，从消费行为上来说，消费者的购买行为通常也是在一定的购物场所或环境中实现的。因此，购物环境的优劣也必然会对消费者的购买行为产生影响。

这就提醒销售人员，可以通过改变消费环境，影响消费者心理，促使交易朝着有利于合作的方面发展。事实也证明，理想的购物环境，会对消费者的感觉器官产生较强的刺激，使他们在观赏选购商品时，感到优雅、舒适、和谐，始终保持兴致勃勃的情绪，从而促成购买行动，而且在购物或消费之后，还能吸引他们再一次光临，让他们把满意的体会转告其他顾客，为商家传播美誉。

乔·吉拉德在自己办公室的墙上挂上他荣获的各种奖章，还有一些登着自己事迹的报纸、杂志文章以及和某些重要人士合拍的照片。这些"广告"有力地给他自己以及他的产品做了最好的证明，无形中对顾客产生了重要影响，使其提高对自己的信任度。这使乔·吉拉德总是能十分顺利地推销出自己的产品。

购物环境不一而足，多种多样，通常要根据主流消费人群来设计消费环境。总的要求是要让消费者感到温馨、舒适，使其放松戒备和敌对心理,可以配合音乐、温度、气味等要素营造利于销售的购物环境。

"君子生非异也,善假于物也",在销售中,有些时候,光靠销售人员苦口婆心地劝说,并不能起到太大的作用,要善于利用环境,给顾客制造相应的气氛,消除顾客的疑虑,获得顾客的信赖,最终征服顾客。

你不卖，我偏要买

细心的销售人员会发现在销售活动中，有这样一种怪现象：你越是滔滔不绝，越是苦口婆心地把某商品推荐给顾客，顾客就越会拒绝。这种现象就是顾客的逆反心理。

逆反心理是一种社会心理现象，指客观环境要求与主体需要不符合时所产生的一种强烈的反抗心态。通俗一些说，是人为了维护自尊，而采取与对方要求相反的态度和言行的一种心理状态。

每个人都有逆反心理，只不过有的人强烈些，而有的人弱些罢了。平时，人的逆反心理表现得不是很明显，但在某些特定条件下，人的逆反心理会被激发出来，进而支配人的行为活动。顾客对滔滔不绝的销售人员的拒绝就是一种逆反心理的表现。

顾客的逆反心理多是被商家诱导出来的，例如，当顾客对某商品特别感兴趣的时候，想要摸摸质地，而这时销售人员过来说："不好意思，我们的样品是禁止触摸的！"这时顾客的心里立刻会变得反感：有什么了不起，不摸就不摸！这就是顾客对商品的强烈的好奇心受到了阻碍，而导致顾客的心理逆反。

还有，当顾客的心理需要得不到满足的时候，反而会更加刺激他强烈的需要。比如：对于自己越是得不到的东西，越想得到；越是不能接触的东西，越想接触；越是不让知道的事情，越想知道。

还有一个容易引起顾客逆反心理的因素是对立情绪，因为顾客一般都会对主动推销的销售人员抱有警戒心理,本能地对其不信任。这种情况下,销售人员把自己的产品说得越好,顾客越觉得虚假;销售人员越是热情,顾客越觉得对方虚情假意。例如,在实际销售中,很多销售人员往往为了尽快签单,而一味穷追猛打,以为通过密集轰炸就可以把顾客搞定,但是这样很有可能会起到相反的效果,令顾客产生逆反心理,从而拒绝购买。

很多销售人员不懂得顾客的逆反心理,在销售过程中,总是片面地、滔滔不绝地介绍产品,而不顾顾客的切身感受,结果总是适得其反,遭到了顾客的断然拒绝。

柳华想把自己开了多年的旧车换一辆新车。他来到一家4S店。几个销售人员知道柳华的来意后,开始介绍公司热销的车型,不停地说这辆车外观有多漂亮,那辆车性能有多强悍,同时,嘲讽柳华现在开的旧车外观老旧,性能落后,严重影响了一个老板的形象。

面对这些奚落,柳华内心产生了一种反感情绪,心想:也不想想这辆车我开了多少年,要是新车,我又何必换,越是说你们的好,我越是不买。就是在这样的逆反心理下,柳华一句话没有说就离开了。

逆反心理既会导致顾客拒绝购买你的产品,但也会促使其主动购买你的产品。上面的事例还没有结束:

几天后另一家4S店的销售人员找到了柳华。柳华早已经打定了主意:不管你怎么说,我都不会心动,现在坚决不买了,以后再说!令他意外的是,这个销售人员没有像其他销售人员那样劝说他该换车了，而是在看了他的旧车后说："依我看，您暂时不用换车，您这旧车修理修理还能用上一段时间，对付一两年还是没有问题的。"说完，给柳华留下一张名片就告辞离去了。

柳华被这个销售人员的话刺痛了，他想："你不是不建议我换吗？我就不听你的，我偏要换，看你如何。"

一周后，这个销售人员接到了柳华的电话。电话里，柳华告诉这个销售人员自己决定换车，而且已经选定他们店里的一款车，价格也没有什么异议，让他带着合同和发票过来。

心理学认为，人之所以会有"让他往东他偏往西、让他打狗他偏打鸡"的逆反行为，完全是出于一种对自我价值保护的本能。自我价值是人的心理根基，任何一个人都不能接受自己无价值地生存在社会上。当一个人被禁止或者严令做什么、说什么的时候，他会有一种自我价值受到损害的感觉，然后，他就开始本能地进行自我价值的保护。

这种对自我价值的保护表现在外在言行上，就是在态度或行为上抗拒外界的劝导和说教。销售人员如果抓住了消费者的逆反心理，就等同于握住了一件经营获胜的法宝。在向顾客推销产品的时候，一方面要避免引起顾客的逆反心理使其拒绝购买自己的产品；另一方面，还要巧妙刺激顾客的逆反心理，使其产生强烈的购买欲望，进而发生消费行为。

当上帝，就要享受上帝的礼遇

心理学告诉我们，人做任何事都是为了满足其各种各样的心理需求。从这个结论可推知，顾客永远都是为了自己的某种原因才选择购买商品的，都是为了满足自己某种需要而购买的，而不是因为其他人、其他原因而购买。

将这个心理学结论拓展开来便会得知，顾客最关心的永远是自己。如果想和一个顾客合作，就必须先考虑到这个顾客的需求是什么？只有满足了顾客的需求，才可能使交易达成。如果没有或不能满足顾客的心理需求，就想使交易完成，那将是非常困难的，甚至是不可能的。

心理学还告诉我们，人的欲望是无限的，这些欲望包括物质方面的渴求和精神方面的渴求，而且二者是并存的。在物质需求得到满足的同时，人们更希望心理需求得到满足。

渴望被人重视是一种很普遍的、人人都有的心理需求，顾客也不例外。在消费的过程中，顾客在购买商品的同时，很渴望被人重视，渴望得到礼遇。消费者经常想：既然天天说顾客是上帝，那么就应当让我们享受一下当上帝的礼遇。

市场是顾客创造出来的，没有顾客就不会有市场，一个企业的产品只有迎合了顾客的需求，才会有人购买，才会形成市场。从这个角度上讲，销售因顾客而存在。

对销售人员来讲，顾客就是上帝，就是衣食父母，要想完成销售，就要礼遇顾客。实际上，这种行为也是在满足顾客渴望被重视、被礼遇的心理。因此，销售人员要想让顾客把一掷千金的劲头都用在自己的身上，首先要把自己的顾客当成上帝一样伺候，这是非常有必要的。不仅销售人员认为顾客是上帝，顾客自己也是这么认为的。假如你没有礼遇你的顾客，不把你的"上帝"伺候好，又怎么能奢望"上帝"照顾你的生意呢？

由于市场竞争激烈，一些商家想出了一个诱人的经营手段，那就是让顾客成为VIP顾客。"VIP"的中文意思就是"高级会员、贵宾"。成为VIP顾客，就可以享受到一些特有的优惠或者折扣，受到非常高的礼遇。

销售人员抓住顾客想享受VIP待遇的消费心理，给顾客以高规格礼遇，让顾客获得心理满足，由此更愿意和自己做生意，购买自己的产品或服务。

一次，广告公司的彭颖请几个顾客在一家会馆吃饭，吃完后彭颖去前台结账，她出示了自己的会员卡，服务员接过去一看，是老板签字的会员卡，立刻满面笑容，给予了规定的优惠，让彭颖节省了不少银子，而且后来经理还亲自送来一盘水果布丁，说是算自己请客，这让彭颖觉得自己在顾客面前非常有面子。后来，彭颖成了这家会馆的常客。

在和顾客接触时，要记得把你的尊重和礼遇贯穿始终，要时时、处处表现出你对顾客的尊重。当顾客提出问题时，你必须认真地听对方说，哪怕顾客说到一半的时候你就知道不可能按照他的意思做，你也得用心听完。只有这样，你的顾客才能感受到被尊重。即使在他说完之后,你委婉地拒绝了,顾客也不会觉得你是在敷衍他,而是实在不能做出让步。

总之,作为销售人员的你要时刻记住尊重你的顾客、礼遇你的顾客,要用谦虚的心态让你的顾客觉得你不但是产品的行家,而且还是一个有修养的人,这样顾客才会有兴趣和你进一步沟通,你提出的意见顾客也就比较容易接受了,交易也就成了水到渠成的事了。

走不出去的"要优惠心理"

由于人性的弱点,"自我"的概念在每个人心中根深蒂固,表现在消费中,几乎每个顾客都只关心自己的利益。很多顾客为了掩饰自己想得到优惠的心理甚至会撒谎,他们会采用不同的谎言来掩盖自己想得到优惠的真实目的。对于销售人员来说,要熟知顾客的这种想得到优惠的心理,并在合适的机会给予顾客一些优惠,以激发顾客的购买欲望。

一次大型玩具展销会上,一家玩具公司的展位非常偏僻,参观者寥寥无几。公司负责人急中生智,让人在展会入口处发送公司名片,事先在名片的背面写着"持此名片可以在本公司展位上领取精致玩具熊一个"。

结果,这个公司的展位很快被包围得水泄不通,并且这种情况一直持续到展销会结束,迅速爆发的人气为这家公司带来了不少生意。

这家公司之所以取得了成功,原因就在于抓住了人们要实惠的心理,以对顾客的小恩惠换来大的合作契机。

人通常情况下只关心自己的利益,可以简单概括为重视自我的心理,它包含两层含义:一层是自己对自己的关心和保护;另一层是希望得到别人的关心和重视。

在消费过程中，由于这种心理的作用，顾客会特别注重商品对于自身的价值，同时也希望得到销售人员对自己的关心和重视。如果产品不错，销售人员又对自己表现了足够的重视，那么顾客就会很高兴地购买其产品。

但是，现实中，很多销售人员总是一味地关心自己的产品是否能卖出去，一味地夸赞自己的产品多么先进、多么优质，而不考虑是不是适合自己的顾客、顾客喜不喜欢。这样给顾客的感觉就是你只关注自己的产品，只注重自己能赚多少钱，而没有给他以足够的关心和重视。顾客的心理需求没有得到满足，于是毫不犹豫地拒绝你的推销。

一位推销专家说："推销是一种压抑自己的意愿去满足他人欲望的工作。毕竟销售人员不是卖自己喜欢卖的产品，而是卖顾客喜欢买的产品，销售人员是在为顾客服务，并从中获得利益。"因此在销售活动中，主角不是销售人员而是顾客。"顾客至上"才是销售人员应该遵循的根本原则。能否站在顾客的立场上为顾客着想，才是决定销售能否成功的重要因素。

李威和张睿同为苏宁电器售卖高端饮水机的销售人员。在苏宁电器店庆5周年时，一位顾客先是走入张睿代理的品牌店，张睿开始滔滔不绝地介绍自己推销的饮水机的质量多么好，多么畅销，而且现在价格适当，不购买的话会非常可惜。可是顾客听后说："不好意思，虽然你的产品很棒，也很畅销，但是很抱歉，我感觉它并不合适我。"说完便离开了。

随后这位顾客又来到李威的店里。李威没有开门见山地和顾客聊产品，而是先热情地打招呼，然后简要而精确地向顾客分析各款产品可以带来多少便利之处。比如，这款每个月会省下多少电费，那一款能供应多少人饮水，之后又问顾客对产品有哪些要求，最后他并没有把店里正在售卖的机器推荐给顾客，而是说公司很快会推出一款新机型，性能优越而且价格合适，特别适合顾客的要求，希望顾客能够等一等。

李威切实地从顾客的立场出发让这位顾客很受触动，他爽快地同意了李威的建议。半个月后，李威通知这位顾客新款到货了，可以选购了。这位顾客如约前往，并高兴地当场付款买走了五台。

这个例子说明，顾客需要得到销售人员的关心和重视，需要得到适合自己的、能给自己带来实惠的产品和服务。因此，销售人员要想得到顾客的眷顾，只有让顾客感觉到自己是在为顾客谋利益，而不仅仅是为了获得他口袋里的钱，这样才有助于双方达成交易。

作为销售人员，一定要清楚顾客这种想得到优惠的心理，在销售中，要照顾到顾客的利益，能让利的时候尽量给顾客让利。你让出的一点小利可能会换来一个大单，何乐而不为呢！

"谢绝议价"是消费的止步牌

虽然说"没有不讨价还价的消费者"的论断有些绝对，但客观上绝大多数消费者在购物时都曾与销售人员讨价还价过，无论有钱还是没钱，也无论价格廉价还是昂贵。实际上，与其说消费者喜欢讨价还价，还不如说消费者喜欢的是讨价还价的感觉。

因为在很多时候，消费者的讨价还价只是为了找寻一种心理的平衡，生怕自己买贵了吃了亏。在不了解商品行情时进行讨价还价是为了试探商品真正的价格，对商品的行情在有了了解的情况下再讨价还价，则是希望能够以更低的价格购买商品，也是对销售人员给别人优惠，而没有给自己优惠而产生的一种心理反抗。另外，消费者在讨价还价的过程中也满足了自己作为"上帝"的征服感——当人们都在议论销售人员精明时，他们战胜了销售人员，证明自己才是聪明人。

如果销售人员不懂得消费者这种喜欢讨价还价的心理诉求，打出"谢绝议价"的标语，无异挂了一块让消费者止步的牌子。要知道，只有经过询价、砍价这个过程，消费者对销售人员有了信任，对产品有了认可，并在产品价值与价格之间找到平衡后，他们才会最终做出购买的决定。

例如，如果某件产品标价280元，最后经过讨价还价，销售人员同意200元成交，消费者会非常高兴。因为不论这件产品的价值是不是200元，但是经过自己的努力，他以这个价格得到了，他就会非常开心。

相反，如果商家给出了200元的价格，却拒绝议价，消费者很可能就不会购买这件产品，即使这件产品真的在降价出售，消费者也多半不愿意购买。他们会认为商家没有人情味，即使原本打算购买的念头也打消了。

基于消费者有这样的心理，作为一名销售人员，在给消费者报价时，与其给出一个最便宜的价格，不如给他们一个讨价还价的空间，以便满足一下他们喜欢砍价杀价的心理，这样最后成交的概率会大大提升。

一对夫妇想买一款古色古香的挂钟，他们在一家家居市场看见了类似的挂钟。太太很高兴，说："这款不错，就它了。"

"嗯，确实不错，与我们想要的基本吻合。"丈夫说道，"但是我们说好了，超过500元我们就不买了。"

丈夫找到导购人员问："您好，这款挂钟售价多少？"

"500元。"导购员说道。

丈夫回应："500元，太贵了，我也不多说，我们只能出350元，你看能不能成交？"

"好吧，就350元吧！"导购人员很爽快地说。

比预期的少花了150元，可是丈夫没有沾沾自喜，心里反而冒出疑问："怎么搞的，估计300元就能成交，是不是我给的价格高了？还是这钟有问题？"

实际上，这款挂钟没有问题，顾客的狐疑是因为导购人员过于爽快地接受了他的还价。这也从侧面给销售人员提个醒，对顾客的还价不能急于同意，那样会让对方觉得自己的还价不到位，感觉吃了亏，甚至对产品产生怀疑。

回到消费者讨价还价上来，试想一下，如果这款挂钟售价350元，谢绝议价。虽然顾客心理价位是500元，但他并不会因为售价比自己心理价位低而选择成交，多半还是要砍价的。如果销售人员谢绝议价，则顾客多半会选择离开。

需要注意的是，虽然报价往往高于商品的最优价格，但是也不可以狮子大开口，报价过高会吓到对方，导致对方知难而退，甚至一走了之。如果真是这样的话，报价就毫无意义了。报价一定要让消费者感觉到这个价格是可以商榷的，当他们领悟到有"砍价机会"的时候能够用一种期待的心态来进行交谈，这时销售人员就有机会摸清消费者的心理价位了。

在实际的销售环节中，销售人员可以这样与消费者沟通："刚才听了您的具体需要，我认为在价格上还是可以为您做出一定调整的，当然，这需要根据您要订购的数量、包装质量、售后服务等具体情况来定。"

这样的话语会让对方感觉到其中有商量的余地，通常会将价格往低处说。这时，销售人员可以给出一个具体的价格底线，比如说："虽然我们可以在价格上商议，但是我们所能够接受的最低价格是……"显然这个最低价格也还是高于最优价格的。

经过这样的讨价还价，消费者可能会想："虽然感觉这个价格还是有些高，但这是让步后的价格了。"如果他有了这样的想法，那么就有可能接受后面的价格了，交易也就由此达成了。

总之，作为销售人员要时刻记着，有些消费者在乎的不是产品的价格高低，而是他们想通过和你的讨价还价获得一种成就感。所以，要正确对待消费者的讨价还价，在报价的时候给出消费者还价的空间，在和消费者的沟通交流中，达成交易。

要的不是便宜，是便宜的感觉

古时候，有一个卖衣服和布匹的店铺，铺里有一件珍贵的貂皮大衣，因为价格太高，300两银子，一直卖不出去。后来店里来了一个新伙计，他说他能够在一天之内把这件貂皮大衣卖出去。掌柜不信。伙计要求掌柜配合他的安排，他要求不管谁问这件貂皮大衣卖多少钱的时候，掌柜一定要说是500两银子，掌柜答应了。

说好以后，伙计在前面打点，掌柜在后堂算账，一上午基本没有什么人来。下午的时候店里进来一位妇人，在店里转了一圈，看中了那件貂皮大衣，她问伙计："这衣服多少钱啊？"

伙计假装没有听见，只顾忙自己的，妇人加大嗓门又问了一遍，伙计才反应过来。他对妇人说："不好意思，我是新来的，耳朵有点不好使，这件衣服的价钱我也不知道，我先问一下掌柜的。"

说完就冲着后堂大喊："掌柜，那件貂皮大衣多少钱？"掌柜高声回答："500两！""多少钱？"伙计又问了一遍。"500两！"声音很大。妇人听得真真切切，觉得太贵，不准备买了。而这时伙计憨厚地对妇人说："掌柜说300两！"妇人一听顿时欣喜异常，认为肯定是小伙计听错了，自己少花200两银子就能买到这件衣服，于是心花怒放，又害怕掌柜的出来就不卖给她了，于是付过钱以后就匆匆地离开了。

就这样，伙计很轻松地把滞销了很久的貂皮大衣按照原价卖出去了。

实际上，在那个妇人心里，可能那件貂皮大衣即使卖300两银子也是很贵的，但为什么还要买呢？是因为前面有500两的价格在对比，在她看来，自己是占了200两的便宜，所以才匆忙买下，然后匆匆离开。要的不是便宜，是便宜的感觉。

在市场上不难发现这样一种情形：一旦某种以前很贵的商品开始促销，以促销后的价格买到手了就觉得买了实惠，占了便宜。

这样的心理给了商家可乘之机，一些女士在购物时，常常用对方不给降价自己就不买来"威胁"商家，而结果通常是商家委曲求全，含泪甩卖，告诉顾客"生意不好做，赔本卖给你了，就算交你这个朋友了"，还往往煞有介事地说："我这是清仓的价钱给你的，你可不要和朋友说是这个价钱买的，要不我就惨了！"真实的情形是这样的吗？

看下面这个事例：

A女士在商场相中了一款新上市的裙子。她一看裙子的售价是580元，就跟导购小姐讨价还价起来："太贵了，350元吧！"

导购小姐说："那怎么可以，您看看这款式，可是新上市的哦，您给的价连本钱都没回来。这样，我看您也真心实意要买，您给加点钱吧，差不多就算给您免费带一件回来，好吧？"

A女士："这样吧，你痛快我也痛快，380元吧，最高了，可以吧？"

导购小姐假装沉思了一会儿后说："好吧，给您带一件，就算交个朋友。"

A女士认为得了便宜，付了钱拿了衣服高高兴兴地走了。

实际上这件裙子进价加上物流费、库存费、雇员等费用一共不到150元钱。

在这里，A女士只是感觉自己占了便宜，实际上并没有占到任何便宜，但是她却很高兴。商家赚到了钱，自然也高兴，这样双方皆大欢喜，获得了双赢的完美结果。

消费者在进行消费的时候，是想使自己获得满足感，只有当消费者觉得自己从消费中获得的价值与商品的实际价值差不多时，才会愿意掏钱购买该商品。正如上面所说，消费者要的不是便宜，而是便宜的感觉。

对销售人员而言，要利用好消费者这种心理，只要让顾客产生了占便宜的感觉，就容易接受你推销的产品。可以利用送赠品、打折，或者送券、送积分等方式让顾客感到占了便宜。在这个过程中，有一点要注意，就是一定要注意方式和分寸，既要满足顾客的心理，又要确保让顾客实实在在得到实惠，这样才能够保持和顾客长久的关系，实现互惠互利。

从众——消费者难掩的情结

虽然我们每个人都标榜自己有个性，但很多时候，却又不得不放弃自己的个性"随大流"，这是大众都容易犯的通病，同时，这也是人的一种正常的心理。

从消费行为上来看，从众消费已经成为消费者的一个情结。一见别人排队买东西，就以为"便宜"，是"好东西"，不管三七二十一，就加入进去。一见别人都夸这东西好，仿佛千载难逢，也赶快掏腰包，生怕错过机会。对于很多消费者来说，"听××说有家餐厅不错，天天排队"听起来比"××在打折"更有诱惑力。

那么，消费者为什么经不住从众的诱惑呢？说到底是人的从众心理在发挥作用。"从众"是一种比较普遍的社会心理和行为现象，也就是人们常说的"人云亦云""随波逐流"。大家都这么认为，我也就这么认为；大家都这么做，我也就跟着这么做。即使东西不怎么好，也会在心理上有所安慰，毕竟大家都在买，肯定错不了，上当的也不是自己一个人。

消费者的这种心理给销售人员的推销带来了良机。销售人员可以吸引顾客的围观，制造热闹的行情，以此引来更多顾客的参与，从而制造更多的购买机会。

需要注意的是，消费者队伍不一定是有形的，还可以是心理上的无形队伍。比如,推销人员说:"小姐,这是今年最流行的时装,和您年龄相仿的人都喜欢。"再如:"这种热水器很畅销,您看这是一些用户的订单,有东北的、华北的、西北的,有城镇的,也有乡村的。"再有在网络营销上,商家通过多个办法让某一商品有很多用户好评,后来的消费者看到好评很多,也就认定了该商品品质很好,遂爽快下单购买,这也是一种从众心理的表现。要注意,对那些个性较强、喜欢自我表现的顾客,则不太适宜使用此招数。因为对他们用这招非但不能达到目的,甚至还会起到一定的反作用。

实际上,消费者在消费过程中的从众心理还有很多的表现形式,例如,威望效应就是其中一种,如很多商家都花高价请一些名人做自家产品的代言人,以引起顾客的注意和购买。一般来说,当一个人缺乏主张或者判断力不强的时候,就会依附于别人的意见,特别是一些有威望、有权威的人物的意见,这也是这类消费者从众行为产生的重要原因。

第三章

培养消费忠诚——你够专业，我才够忠诚

顾客对商家的忠诚取决于商家如何对待他们。商家只有让顾客放心了，顾客才会消费，才会建立起对商家的忠诚。销售人员作为商家的代表，要努力提高技能和专业度，履行好让顾客放心消费的职责。

消费的"权威效应"

很多消费者都有相信权威、专家或者行家的心理。这种心理是非常正常的，谁不愿意听从一个懂行的人的话呢？因此说，"权威效应"，或者说"专家效应"普遍存在。

美国曾有一个心理学教师找到一个学习化学的班级做一个"权威效应"的心理实验，他请该班的导师向学生引见自己："这位教授是国际上知名的化学家，最近他研究出一种新的化学品，由于我与他很熟悉，今天专程请这位教授向同学们展示一下这项新的研究成果。"

只见这名"国际上知名的化学家"拿出一个瓶子，瓶子里面装着透明的液体。"化学家"告诉同学们，现在他展示的化学药品正是他新研究出来的新药，其味道可以在空中迅速传播，而只有对化学药品有敏锐感知的人才能通过空气中的传播感受到。说完，他打开瓶子。

同学们小心地呼吸，用心体验"只有对化学药品有敏锐感知的人"才能有资格获知的感受。稍后，大家开始说出自己的感觉：有的说，这是一种与过去所有的化学药品味道完全不同的东西；有的说，教授打开瓶子后，立即就会感受到一种由前至后扑鼻而来的清香，"味道好极了"；等等。

待大家讨论得差不多了，这位"国际上知名的化学家"告诉同学们，他不是什么"国际上知名的化学家"，而是本校的一位普通的心理学教师，瓶子里装的不过是刚刚从学校自来水管里流出的自来水而已。接着，他表示他的心理学实验圆满完成："谢谢大家的真诚合作！"

这样的实验结果是令人惊讶的，为何明明是没有任何气味的自来水，学生却可以闻出特殊的味道来呢？只因为人们对权威的信任和盲从，使其本该有的怀疑消失殆尽。

对权威或行家的信任和盲从，实际上是出于一种追求安全的心理需求。服从这些权威或者行家会使自己的这种追求安全的心理需求得到满足，因此他们都非常愿意这样做。同时，人们对权威或行家的无条件信任和遵从，还缘于一种"认可心理"，即人们总认为权威人物的要求往往和社会要求相一致，按照权威人物的要求去做，会得到各方面的认可。

客观上，人们对权威的深信不疑和无条件地遵从，会使权威形成一种强大的影响力，利用这种权威效应则可以在很大程度上影响和改变人们的行为。对商业而言，利用权威效应，可以扩大自己的知名度，推进产品或服务的销售。如许多商家在做广告时，往往高薪聘请知名人物做形象代言人，或者以有影响的机构认证来突出自己的产品，以达到增加销售量的目的。销售人员也完全可以利用权威效应，来获取顾客的信任，进而推进自己的销售活动。

含笑是医疗器械的销售人员，一次，她去拜访一个准顾客。对方是一个心思极为缜密的人，所以含笑在向对方做产品介绍的时候，讲解得特别详细。在回答对方的咨询时也回答得比较有条理，同时还把顾客的意见用小本子记录下来。

在交谈过程中，含笑发现对方对自己的产品质量持有很大的疑虑，于是，她又给对方提供了一份产品的市场调查报告，使对方了解自己产品的销售情况。对于这一点，含笑很自信，因为本公司的产品销量确实很好，在市场上也有一定的名气，对消费者很有说服力。

此外，为了让对方深信不疑，含笑还把产品的认证证书及几名权威专家的推荐书展示出来，最终权威的推荐和认可让对方消除了心中的疑虑，很放心地购买了产品。

在一定程度上，权威代表着社会的认同，代表着绝大多数人的意见，这样，在其强大的影响力下，人们会变得很顺从，不敢向权威发起挑战。因此，销售人员在销售过程中如果能够巧妙地运用权威的引导力，则能够对销售起到很大的促进作用。当然，销售人员也要正确合理地运用这种优势，而不能贪图眼前的利益弄虚作假欺骗顾客，这样必然会带来严重的后果。

同时，这种情况也启示销售人员要努力提升自己，使自己成为一个专业化、顾问式的销售人才，这样才会在解答顾客的疑虑时自信、专业，也因而更容易取信顾客，促使顾客下决心与自己做交易。

你够专业，他才够忠诚

消费者最希望销售人员能够提供有关产品的详细知识与信息，以让他们对产品的特征与效用有个清晰的了解。倘若销售人员一问三不知，或者一知半解，就很难在消费者中建立信任感。某跨国公司曾请一些商界人士列出优秀销售人员最杰出的特质。他们得到的最多的回答是："具有完备的产品知识。"

从这个调查结果来看，消费者的忠诚度与销售人员的专业程度成正比。每一个优秀的销售人员都应该是合格的产品专家。因为你只有具备了专业的产品知识，才能毫不迟疑地回答出消费者提出的关于产品的任何问题，也才能信心十足地向消费者展示自己的产品。

通常情况下，销售人员需要了解产品的基本特征、产品的使用方法、售后服务情况以及产品带给顾客的利益。

1. 商品名称

表面上看，了解商品的名称很简单，但需要注意的是你可能要同时推销数种商品；商品的名称也可能不止一种，譬如有全称、简称、正式名及俗名等，这些都要牢牢记住。

2. 商品性能特征

熟悉商品的性能和特征是成功卖出商品的重要前提。如果你所推销的商品比市场上其他同类商品具有优势，你就更要注意掌握好它们，并将其作为推销的利器。反之，如果它比市场上其他同类商品差，也要知道差在什么地方，并事先做好应付顾客质疑的准备，打有准备的"仗"。

3.商品使用方法

多数商品的操作都有一定的规范要求，使用说明书往往无法涵盖商品使用的所有注意事项。对此，销售人员切不可偷懒，以为大致了解一下就行了，要熟练地掌握所推销的商品的使用方法，以便更好地给顾客讲解。

4.售后服务

售后服务是商品竞争重要的要素。有关售后服务，多数公司都有一定的规定，起码应该正确无误地向用户传达。销售人员一定要掌握商品售后服务的详细情况。

5.竞品情况

销售人员还要了解市场上同类商品的情况，也就是竞品情况，以便与自己所推销的产品进行比较，找出自己产品的长处和短处。这样才能在给顾客介绍时，扬长避短，突出自己产品的竞争优势，有力地说服顾客。

6.带给顾客的利益

推销产品的过程就是说服顾客认可产品的过程，销售人员必须使顾客相信自己的商品能够给他们带来利益。也就是说，销售人员要让顾客清楚了解到自己的产品是更能够帮助他们解决实际问题的。只有让顾客认识到这一点，顾客才会真正认真考虑是否购买该产品。

其中，产品能带给顾客的利益是产品介绍的重中之重，因为很多时候消费者并不关心产品的原理或者生产过程，他们关心的是买了你的东西后有什么好处。这个东西对他们有用，才是他们消费的主要原因。

浩宇是一家数码科技产品有限公司的业务人员。他对自己代理的产品非常熟悉,可以说是一名资深的产品使用专家。一次,他带着样品去拜访一名准客户。尽管他说得唇干舌燥,但是显然对方并没有十分相信。

浩宇随即意识到可能是自己满嘴的正电子负电子、纳米让对方懵懂,于是他决定改变一下说服策略。他从口袋里掏出一盒烟,并将烟盒里剩下的几支烟倒出来,把空烟盒递给客户,让对方闻一下。

虽然客户不明白浩宇此举的目的,但还是闻了闻。之后,浩宇将烟盒附在自己此次推销的产品——空气净化器上面,同时开启了净化器。一分钟后,浩宇将烟盒递给客户,让对方再闻一下。客户一闻,烟盒上没有一点儿烟味了。客户随即恍然大悟。

可见,销售人员在掌握一定的专业知识的基础上,要把销售工作的重点放在解决消费者的需求上,多利用符合消费者诉求的产品功能来诱导消费者,才能增加消费者购买的可能性。

要想在各种各样的场合快速将产品的特点与消费者的诉求结合起来,销售人员平时一定要加强对产品各项信息的收集与分析,多了解产品,还要多与消费者接触,多了解他们的需求。只有做到了专业,才可能让消费者做到忠诚销售人员、忠诚产品。

买东西，也许只因为卖东西的人

美国著名心理学家亚伯拉罕·马斯洛的心理需求层次中，有一项重要的心理需要叫社交需求，也叫归属与爱的需求，是指个人渴望得到家庭、团体、朋友、同事的关怀爱护和理解，体现出一个人对友情、信任、温暖、爱情的情感需要。

这一心理需求在消费行为中表现为销售人员与消费者之间经常不断地进行各种各样的信息交流，包括语言沟通和非语言沟通。而这些沟通方式的好坏会引发消费者的不同情感，从而最终影响他们的购买行为。

其实我们自己大概也有过这样的经历：在菜市场买菜或商场买东西，可能因为卖主给我们好感，而如果产品不算差的话，我们就可能更愿意从他这里而不是从别人那里买东西。其实，我们愿意同一些人打交道，往往是因为我们感到这些人很友善。

我们大概也有过这样的经历：想购买一种产品或服务，但是不太喜欢那个销售人员，在这种情况下，我们可能会走开，即使那个产品及价格还比较理想。

实际上，这是一种"爱屋及乌"的心理，这也是消费者经常会有的消费心理。因为在消费者眼里，销售人员是商家的窗口和形象的化身，一个让消费者喜欢的销售人员，才有可能让人愿意购买他的产品。

研究人员通过一份市场调查问卷也证明了这一观点：调查中，约有70%的消费者之所以从某销售人员那里购买商品，就是因为该销售人员的服务好，为人真诚善良，消费者比较喜欢他、信任他。这一结果表明，一旦消费者对销售人员产生了好感，对其表示接受和信赖，自然就会喜欢并接受他的产品。相反，如果销售人员不能够让消费者接受自己，那么其产品也是难以打动消费者的，尽管他的产品品质还是不错的。

销售人员、顾客以及商品三方面要素共同构成了销售活动。顾客要购买商品，而销售人员则是连接顾客和商品的桥梁。顾客通过销售人员的介绍，获得了对商品信息的更多了解，并在此基础上，做出买还是不买的决定。

在这个过程中，虽然顾客是抱着购买商品的目的来的，但是顾客最先接触到的却是销售人员。如果销售人员礼貌、热情，顾客就会对其产生好感，在此基础上很有可能进而接受其推销的产品；相反，如果销售人员缺乏情感沟通，服务不到位，顾客就会很生气、很厌恶，即使其推销的产品符合自己的预期心理，顾客也极有可能会选择不合作。可见，销售成功与否，与销售人员有着非常紧密的关系。

A君和D君是同一种产品的销售人员，他们先后到过证券金融中心那里去推销产品，可奇怪的是，后去的A君反而比先去的D君先拿到订单。

原来，先去的D君在见到证券金融中心主任之后，就开始滔滔不绝地介绍自己的产品如何好、如何适合对方，不购买就等于吃亏，等等。这样的话不仅没有引起对方的兴趣，反而让对方很反感，于是拒绝了D君的推销。

等到A君再去的时候，证券金融中心主任知道他们推销的是同一种产品，就想看看有何不一样，再加上单位确实需要这类产品，于是就请A君来到办公室。A君进去后并没有直接介绍自己的产品，而是很有礼貌地先说抱歉、打扰，然后又感谢对方百忙之中会见自己，还说了一些赞美和恭维的话，在得到对方允许后，才对自己代理的产品进行了详细介绍。可能见对方始终都是一副很冷淡的样子，A君觉得这笔生意已经很难做成，虽然心里多少有些失落，但还是很诚恳地说："虽然我知道我们的产品绝对适合您，可能是我能力太差，无法说服您。不打扰您了，谢谢您的接待，我应该告辞了，祝您心情愉快，事业一帆风顺。"

这时，没想到对方的态度却突然来了个一百八十度大转弯，他站起来亲切地拍拍A君的肩膀笑着说："不要急着走，你打动了我，由于你的原因我决定买下你的产品。"

由此可见，销售人员在消费行为中所起的作用是非常关键的。要知道，消费者是有血、有肉、有情感的人，他们需要的是真诚的沟通和交流，而不是没有情感的硬性推销。从这个层面上说，销售人员不仅是在推销产品，更是在推销自己。正如乔·吉拉德所说："你要学会销售你自己，这是一条最基本的销售原则，每一个销售人员开始工作时都得学会这一点。因为人们更愿意与自己喜欢的人做生意。"

可以做这样的比喻：销售人员就像是一件特殊的商品，外观干净整洁，内在精致美好，这样的"商品"自然会获得顾客的青睐和喜欢；而那些外观陈旧破损、内在粗糙肮脏的"商品"自然会让顾客讨厌，甚至避而远之。

你的形象就是商品的形象

心理学中有一种心理效应叫"首因效应",即人与人第一次交往中给人留下的印象在对方的头脑中形成并占据着主导地位的一种反应,也就是我们常说的"第一印象"。

销售人员是商品和顾客之间联系的"桥梁",能否给顾客留下一个好的第一印象,很大程度上影响着顾客是否会接受并购买其推销的产品。而要想给顾客留下一个好印象,一个好的形象必不可少。

一个穿着不是很利索的销售人员到一家食品专卖店推销面包。经理与他谈了一会儿,就将他支走了。走后,经理对同事说:"看他的样子就知道他的东西好不到哪里去。"

以后,这个销售人员多次试图向这家连锁店推销食品,经理再也没见他,尽管他的衣着已经变整洁了。

由此可以看出,销售人员的形象有多重要。销售人员应该永远记住这样一句话:"形象就是自己的名片。"作为一个销售人员,如果你穿着得体、举止优雅、言语礼貌,对方就会对你有好印象,会认为你是个有修养、懂礼仪的人,从而愿意和你交往。反之,如果你穿着不得体、态度不端正、言语粗俗,对方就会认为你是个没有品位、缺乏修养的人，从而对你没有好印象，不愿意和你接触，即使你下次改正了，也难以重新获得对方的好感，这就是首因效应的作用。

可以这样讲，销售人员的良好形象会让顾客心生好感且留下深刻印象，并在此基础上爱屋及乌，对该销售人员所推荐的产品亦有好的印象；反之，如果顾客对销售人员的印象不好，即使产品很好，也会把对销售人员的厌恶牵扯到商品上。

需要注意的是，形象不仅指人的衣着、外貌，还包括谈吐、姿势、面部表情等"外部表象"。在销售活动中，顾客往往会通过销售人员的衣着、谈吐、体态、面部表情等这些外部表象，对其做出最基本的判断和评价。

温方在大学学的是市场营销，毕业后他选择进入一家生产防盗门窗的公司做销售。正式上岗的第一周，经理就交给他一个很重要的任务，让他到一个准顾客的家里推销防盗门。在此之前已经有3位很有经验的销售人员去推销过，但都以失败而告终。

温方内心有些紧张，心想有经验的销售人员都没成功，自己刚刚入行，没有经验，谈成的希望更微乎其微，但是还要试一试。半小时后，他战战兢兢地摁响了这个顾客家的门铃。一位中年妇女打开门，听他结结巴巴地做完自我介绍后，请他进了屋。

温方有些紧张地将产品情况如实地跟顾客讲了一通。令他大感意外的是那位妇女却当场在合同上签了字，买下了价值2万元的防盗门。

在温方之前，3位有着丰富经验的销售人员都无功而返，而且他们提出的售价都比温方提出的售价要低，为什么温方却成功地做成了这笔交易。面对温方疑惑的神情，那位妇女说："没有什么特殊的原因，你敦厚的样子让我放心，我相信你推销的商品如同你一样敦厚、安全。"

事情很清楚了，正是温方那副敦厚、坦诚的样子赢得了这位妇女的认可，她愿意购买温方推荐的产品，尽管他的产品售价比其他人的产品售价稍高。

心理学研究发现，与一个人初次会面，45秒钟内就能形成第一印象，而且这最初的印象能够在对方的头脑中形成并占据主导地位。销售人员一旦给顾客留下不好的印象，就很难再纠正过来，因为很少有人会愿意花更多的时间再去求证这种印象是否真实。人们都愿意去接触那些给自己留下好印象的人，尽管有些时候，这种印象不一定完全准确，但人们却有意无意地默认这种感觉，这也就是所谓的"先入为主"的影响。

很多有经验的销售人员都懂得利用这种效应，展示给顾客一种比较好的形象，为下一步的销售工作打下良好的基础。

通常，在与顾客的接触中，销售人员需要在以下几方面注意自己的形象：

1.衣着服饰

与顾客见面后，首先映入顾客眼帘的是你的衣着服饰。因此，你首先要重视自己的衣着服饰。销售人员整洁的外表是引起顾客购买欲的先决条件。据美国一项调查表明，80%的顾客对销售人员的不良外表持反感态度。

服饰对销售人员而言，可以说是销售商品的包装纸。包装纸如果粗糙，里面的商品再好，也容易被人误解为是低价值的东西。因此，只要你决定投入销售行业，就必须对仪表服饰给以投资，这种投资绝对是合算的。

销售人员的着装要符合个人的性别、年龄、身份、气质、环境等，不要赶时髦和佩戴过多的饰物。如果穿戴过于引起别人注意的服饰，反而会使人觉得你本人怪异，招致相反效果。

2.言谈举止

销售人员的言谈举止要落落大方、合适得体。虽然没有一个统一的模式供参考，但一些很明显的错误的言谈举止却是一定要避免的，比如：不要说话速度太快、吐字不清、语言粗俗；不要批评、挖苦、吹牛、撒谎；不要油腔滑调、沉默寡言；不要声音粗哑、有气无力、说话不冷不热；不要挖耳搔头、耸肩、吐舌、咬指甲、舔嘴唇、脚不住地抖动；更不要与顾客勾肩搭背、东张西望、慌慌张张；不要不停地看表、皮笑肉不笑等。

3.交流礼仪

礼仪是销售活动中非常重要的一环。若销售人员不懂礼仪，往往会无形中影响交谈的效果。顾客是聪明的，他们倾向于到值得信赖、礼仪端正的卖家去购买商品。

销售人员要讲求礼仪的基本原则是：诚恳、热情、友好、谦虚。围绕这几个基本点去处理事情，就会收到预期的效果。反之，就会收不到好的效果。

总之，在销售活动中，销售人员要注重发挥自己良好形象给顾客的影响，努力争取让良好的形象给顾客留下好的第一印象，以促进交易向良好的方向发展。

专家式介绍更能获得信赖

人们都有愿意相信和认可权威的心理，虽然这种信任和认可有的时候带有盲目性，但在销售活动中，销售人员却大可利用这种影响力和人们对专家的遵从与认可来达到销售的目的——在和消费者交流时模仿专家说话，采用专业性话语，以求吸引对方，取得对方信任。

以产品介绍为例，通常情况下，良好的产品介绍需要符合FABE的要求：F代表产品的特征；A代表产品的优点；B代表消费者的利益；E代表证据。在给消费者介绍产品时，要把产品的机能、材料、外形、实用性、便利性、价格以及可以给消费者带来哪些便利和利益等，都要说清楚、说明白，才算是良好的产品介绍。

看下面这个产品介绍：

诸位请看，这是一款新式调料瓶，瓶口有舌状的倒出口，出口上刻有5厘米的沟槽。这个沟槽的用处是防止瓶内的液体外漏，但不会妨碍往里面倒入液体，油、醋、酱油等都可以由此口无障碍地倒入。这款调料瓶的优点之一是在倒完瓶内所装液体后，不会在瓶口存留所倒的液体，因此看起来十分干净卫生。根据我们的市场调查，这一特点是市场上同类商品不具备的，因此特别难能可贵，有着非常好的销售前景。

您再看，这款调料瓶是圆锥形的，盖子也是圆的，上下一体，给人一种圆润、光洁的感觉。颜色方面，有蓝、黄、绿三种颜色可供选择，可以说外观时髦别致，既可以放在厨房，也可以放在餐桌和食品柜中。因此，不管是从外形还是实用性上看，这款新式调料瓶都堪称完美……

这个产品介绍就比较符合FABE的要求，产品的性能、外观、使用、特色，以及给消费者带来的利益都介绍得十分清楚，消费者也会听得明明白白。

专家式的介绍就是符合FABE要求的介绍，这种介绍更能获得消费者的信赖与支持。在介绍的时候要注意避免走入一个误区。有些销售人员，为了让消费者觉得自己是这一行的专家，对自己所售产品十分了解，就在向消费者介绍产品时，一味地用专业术语来包装自己，一个术语接一个术语，想以此来赢得消费者的好感和信赖。但是这样卖弄专业术语的行为，往往会给销售带来不良后果。

消费者会因为这些听不懂的术语与销售人员产生沟通障碍，也会因为这些艰深的术语而对产品失去兴趣。比如，保险行业推销员如果总是搬出一堆专业术语，如"费率""债权""债权受益人"等，即使消费者有购买兴趣，也会因听得一头雾水而婉转谢绝。

所以，销售人员在努力使自己成为产品专家，能以专业的口吻为消费者释疑解惑的同时，也要学会站在消费者的立场上介绍产品和服务，只有这样才能真正获得消费者的信赖，进而实现良好的业绩。

满意度决定忠诚度

销售的目的是什么？也许大部分的销售人员都会说，销售的目的是把产品卖出去，获得利益。实际上，这种说法是不对的，是销售人员从自身角度来定义的，显然这种定义狭隘了，它会局限销售人员的眼界，以这种信念行事的销售人员可能会赢得一时的好业绩，但不会有更大的发展。销售活动中，消费者才是永远的主角，所以要从消费者的角度来看待这个命题。

对消费者而言，消费是为了满足所需，只有从消费中获得了自己真正想要的东西，消费才有价值，自己也才会对这次购物满意，进而建立对产品的忠诚度。对销售人员而言，只有让消费者产生了这个感觉，才可能培养更多的回头客，才能建立顾客的忠诚度。

那么，销售人员如何做才能让消费者满意呢？

1.提供超值服务

超值服务对消费者而言意味着物有所值，这可以提高消费者的满足感，许多企业的发展长盛不衰，很大程度上便是得益于此。如有的科技公司在推销自己产品的同时，还免费提供相关方面的咨询和培训服务。可以提高顾客在相关领域的认知和辨别能力。通过这种增值服务，科技公司树立了公司的品牌形象，紧密了与顾客的关系，间接促进了销售业务的提升。

当然，提供超值服务并不是越多越好，因为当你向消费者提供了过多或过高的利益时，很容易让消费者下次的期望值建立在这次之上，那样的话企业的负担就太重了。因此，超值服务的范围应限于那种对消费者来说是极为有用或非常新鲜的，但对销售人员来说却是难度不大的服务。

2.给予适度的承诺

现代营销学之父菲利普·科特勒认为，消费者满意"是指一个人通过对一个产品的可感知效果与他的期望值相比较后，所形成的愉悦或失望的感觉状态"。也就是说，消费者的满意是建立在期望上的。期望值的大小决定了满意度的高低，而且它们之间呈反比关系，期望值越小则越容易满意。由此可知，降低期望值是提高满意度的一个重要途径。

而降低消费者期望值的有效方法就是：不要给予消费者过高的承诺。例如，如果你的企业能在接到通知之后18小时内提供售后维修服务，你则可以对消费者承诺24小时之内提供服务；如果维修人员接到电话后能在2小时内赶到，你可以承诺3小时之内赶到。

通过这个技巧，使消费者的期望值稍低于你的企业服务水准，当你所提供的水准超越了他们的期望后，消费者就会有一种满足感。

3.及时处理消费者的不满

有的销售人员不愿听到消费者的抱怨，在他们看来，只要消费者不抱怨，他们的产品和服务就是好的，其实这种想法是错误的。消费者不抱怨并不代表他们满意，因为有的消费者认为与其抱怨还不如离开，减少和你以及你们公司打交道的次数。销售人员应该有这样的认知：顾客，特别是老顾客的抱怨往往代表着其他没有抱怨的顾客的心声。

既然消费者有所抱怨，那么他们的心里肯定有希望你解决的问题。因此，在应对消费者抱怨的过程中，销售人员最忌讳的就是回避和拖延解决问题的时间。

晓君在商场服装部的宣传册上看到一款漂亮的毛衣。由于非常喜爱，她就让商家帮自己带一件，并预付了定金。一周之后，商家通知晓君到货了。晓君兴冲冲过去取，却发现实物没有其他款式的质量好，做工粗糙，颜色也比图片上所显示的要浅。晓君将心中的不快跟站在一旁的商场导购人员讲了。

听了晓君的抱怨，商场导购员微笑着说："真是抱歉，不过我们敢保证，这种款式的毛衣与其他款式的毛衣的质量绝对是相同的，而且是刚出厂的货。您说做工粗糙，可能是线头较多，我们帮您修剪一下。您看，现在是不是好多了？还有颜色浅，是因为我们店的灯光照射的原因，它的颜色和图片那款颜色是一样的，您尽管放心，我们是不会欺骗消费者的。"晓君听了销售人员的解释，又看了看手中的毛衣，认为商家的解释有道理，于是爽快地结了账，高高兴兴地拿起毛衣回家了。后来，她成了这家店里的常客。

销售人员要敢于正视消费者的不快，对消费者抱怨的问题要尽量以最快的速度予以妥善解决，并对他们的抱怨表示理解，甚至欢迎，说服自己将消费者的抱怨化为感谢，化为自己服务的动力。要坚信通过自己周到的服务，能让顾客更加信赖自己，成为自己的忠实顾客。

销售细节决定销售成败

在销售过程中有一些细节问题，似乎无须过多关注，实际上也往往被忽视，但在后来的发展进程中，却起到了重要的影响，甚至决定了销售的成败，不得不说，销售无小事。

消费者的心思是缜密的，喜欢从一些小的细节上的问题窥探整个事情，并以此为基础做出自己的判断。如果销售人员忽视了对这些细节问题的处理，不免会降低消费者的信任，进而影响合作的达成。所以，在销售过程中，销售人员一定要注重对细节问题的处理。下面列举几例说一下销售过程中要注意的细节问题以及处理方法。

1.缩小身高差距

当一个高个子的人和一个矮个子的人站着聊天时，身高上的明显差距往往会对他们的心理活动产生影响。由于高个子的人总是俯视矮个子的人，这会让身材矮小的人产生不同程度的自卑感或沮丧感。

英国有一位身高2米，名叫菲利普·亨尼西的推销员，他专门推销化学药品和制剂。虽然亨尼西工作非常认真，但是他的绩效却不是很好，他"出众"的高度常常会让消费者无法集中精神听他的介绍，他们常常会有一种被胁迫的感觉。亨尼西发现，当他在向消费者推销产品时，如果他坐着和他们交谈，气氛就会轻松很多，洽谈结果也截然不同。而假如他猛地站起来，对面坐着的消费者眉宇间就会露出一丝不悦和厌烦的表情。

亨尼西的例子提醒"海拔"高的销售人员在面对面与顾客沟通时，为了保证和对方有比较平等和谐的交流状态，要注意缩小与消费者的身高差距。具体方式可根据实际情况灵活安排。假如客户的个子比你高，女士可以选择穿高跟鞋，男士可以通过服饰来改变视觉上的身高，如穿紧身、显身高的深色衣服。在见到对方后找个合适的地方坐下聊天，避免站着交谈。假如对方的个子比你矮，女士避免穿高跟鞋，否则会让自己和对方的身高差距更大，可穿平底鞋。见面时不要站在地势较高的地方，可能的话要让对方站在地势相对高的地方。

2. 坐在一侧而不是对面

据说在巴黎，坐在露天咖啡座上的观光客不论彼此认识与否，都会和蔼亲切地交谈。他们坐在椅子上面向着马路，情绪稳定，话题轻松，言语投机，视线向外，只有在彼此产生共鸣或感动时，才会斜向交换一下视线，彼此不会感受到压力，可以自然地沟通感情。而很多咖啡厅的桌子都是让顾客面对面而坐，彼此视线会相对。即使双方是可以相互肯定、理解的对象，但依然会令人觉得有点别扭。所以越来越多的咖啡厅把桌椅设计成沿着墙壁排列。

由上述事实可以了解，<u>坐在身边的人比坐在对面的人更容易让人放松，也更容易与对方产生亲密感</u>。因此，如果销售人员想与消费者建立更加和谐的关系，不妨在交谈时把椅子安排成并排的形式，让对方淡化谈判意识，增强合作意愿。

3. 永远让对方先挂电话

对销售人员来说，打电话是家常便饭。但是通话结束后该怎么做，谁先挂电话？这是许多销售人员没有注意的细节，也许有的销售人员会这样说："这个问题不重要吧？谁先挂都是无关紧要的。"其实这是销售的一个误区。

对于销售人员来说，消费者可以先挂你的电话，但是你绝不能先挂对方的电话，这是个礼节问题。而且，从心理学的角度来说，被挂电话的一方总会有一种失落感。由此，对方就会对你之前谈话时表现出来的诚意及良好印象大打折扣。另外，这也会让对方觉得你在处理事情时，较为粗枝大叶。因此，对于所商谈的合作事宜或所交付工作的完成质量，对方可能就会在信任度上产生怀疑。

4.不说听不懂的专业术语

许多销售人员在向消费者介绍产品时，为显示自己很懂行，喜欢用一些专业术语，如有些销售人员喜欢把"故障"说成"Trouble"，把"机械构造"说成"Machanical"，这些用语若用在同行之间，往往能发挥节省说话时间、加强彼此亲密感及提升效率等效用。但是，绝大多数消费者却不明白它们的含义。如果是忽略细节的销售人员，因为平常和同事之间经常使用，早就养成了习惯，在面对消费者的时候就会很自然地就挂在嘴上，而忘了消费者是否听得懂。这样的话就会降低消费者对产品的兴趣。

当然，有时候也需要用专业性的讲解来提高消费者的信任感，但是这种专业性要以消费者能听懂为前提，如果认定消费者不能听懂的时候，可以恰当地利用举例子、打比方等修辞来给消费者解释，或者干脆介绍时用语普通，这样才能保证沟通的有效性。要是你只顾着从专业的角度为消费者介绍产品，却不顾及消费者的感受，那一定是一次失败的营销。

当然，需要销售人员注意的细节问题绝不仅仅是上述的四个方面，而且销售的产品不同、提供的服务不同，需要注意的细节问题也不同，这需要销售人员灵活处理。总之，销售人员要注意自己的一言一行，谨记那些被忽略了的细节，做好每一件与消费者有关的事情，即使不能一次成功，也会得到许多接近成功的机会。

服务到位，满意到家

在注重体验的今天，销售更应注重满足顾客的心理感受。一件产品已经不是仅仅质量好就可以让顾客满意，除了质量好之外，还需要服务好，而且很多时候，消费者更在意的是好的服务。有许多做推销工作的人员，干的时间不长就很狼狈地走人了，为什么呢？因为他们缺乏长远的眼光，他们在一次推销成功之后就以为推销活动结束了，但顾客显然不这么认为。顾客不喜欢那种"恭维他们给他们各种承诺，然后遗忘他们"玩一锤子买卖的销售人员。交易完成之后，销售人员对顾客又恢复了陌生人的感觉，这只会引起顾客不满。

消费者在购买产品后的使用过程中，同样会对产品的有关问题提出意见，对此销售人员应给予足够的重视。那种"货已出门，概不退换"的做法既损害了顾客的利益，同时也损害了销售方的形象，对销售人员而言，长此以往也断送了自己的销售生涯。

在推销活动中，顾客对推销服务的不满大致有以下原因：推销前未能向自己提供足够的企业信息和产品的信息；推销中的服务内容、服务质量不能令自己满意，例如，没有及时提供样品、说明书及耐心细致的产品演示等；推销后的服务中，如顾客所需的信息、运输、安装、调试、指导使用、维修以及技术培训等，未能及时跟上，甚至毫无保证。

销售人员要知道，推销服务是整个推销活动中不可或缺的极其重要的组成部分。在购买商品时得到热情周到的服务是顾客的普遍心理，所以推销服务具有重要而深远的意义。一个销售人员在直接或间接地提供服务时，它的质量高低，不仅关系到是否能做成一笔买卖，而且关系到销售方的信誉。

推销员不专业的服务，往往会引发顾客的不满，进而失去对销售方的信任，长此以往，必然使企业产品丧失市场竞争力，给企业带来生存危机。

那么，怎样才能让服务为自己争取订单呢？实践证明，为顾客的服务"打包"是一个有效手段。这需要在销售工作中制定出一套详细的服务标准，以保证对顾客提供规范化、标准化服务。制定服务标准应从顾客需求出发，以优质服务为准则，准则应尽量具体，以便执行。

海尔集团是全球知名的家电供应商，其服务深得用户的赞许。海尔服务标准遵循"12345"法则：1个证件，上门服务要出示上岗证；2个公开，公开统一收费标准并按标准收费，公开出示维修或安装记录单并在履行完毕后请顾客签署意见；3个到位，服务后清理现场到位，通电试机演示到位，向顾客讲明使用知识到位；4个不准，不准喝顾客的水，不准抽顾客的烟，不准吃顾客的饭，不准要顾客的礼品；5个一，递一张名片，穿一双拖鞋，自带一块垫布，自带一块抹布，赠送一件小礼品。

一般认为，评价服务质量主要有以下标准：

1.可行性

服务标准要既切实可行又有挑战性。制定的服务标准不能太高，太高则无法达到；标准又不能过低，过低则无法体现优势。只有既有可行性又有可挑战性，方能具有竞争力。

2.感知性

指商家为顾客提供的各种设施、设备及服务人员的仪表等要让顾客感知到。这些真实、可见的部分能使顾客感受到服务的实质和商家的实力,利于提高顾客的信任感,增强对商家的忠诚度。

3.可靠性

可靠性指商家应及时兑现自己所承诺的服务。在服务过程中,尽可能避免发生失误,以优质的服务获得顾客的认可。

4.保证性

主要指商家服务人员的态度与能力能够保证服务的顺利进行。在服务产品不断推陈出新的今天,顾客同能力出众而又友好和善的服务人员打交道,无疑会产生更多的信任感。

5.人情性

指商家和服务人员能设身处地为顾客着想,努力满足顾客的要求。这就要求服务人员有一种投入的精神,想顾客之所想,急顾客之所需,对顾客的需求千方百计地予以满足,给予顾客充分的关心和体贴,使服务过程充满人情味。

如前面所讲,越来越多的消费者更注重商家的服务,如果商家的服务很到位,消费者甚至会忽略产品的小瑕疵。这就提醒销售方一定要注重服务质量的提高。服务到位,会有力促进顾客对产品的认同感,增强顾客对产品和商家的情感,进而促进产品销售。

让顾客的"担心"变"放心"

不可否认,有的销售人员为了业绩,采用一些不光明的手段欺骗消费者,还有一些骗子效仿销售人员的推销方式欺骗消费者,或者消费者买来的商品没能满足自己的期望,再或者从新闻媒体上看到过一些有关消费者受损的事例,于是,当他们再次看到销售人员销售产品时就自然想起消费者被骗的痛苦经历,于是潜意识里认为销售人员有可能欺骗他们,所以很多时候他们在购物时,显得兴趣索然,本能排斥销售人员以及他们的销售活动,甚至抱着逆反的心理与销售人员争辩。

顾客这种怕上当受骗的心理很普遍,绝不是个例,这在一定程度上反映出销售活动中确实存在着一些虚假宣传、欺骗顾客的现象。

晓晓在一家手机专卖店看上一款新手机,他让销售人员把真机拿来看一下。这名销售人员说真机在库房,需要先把钱交了,然后才能去库房提货。晓晓没有多想就把钱交了,然后等店里的人去取货。

在等待的时间里,这名销售人员又拿来一款新手机,跟晓晓说:"这款手机也是新上市的,性价比比您刚才选的那款要高出许多,而售价只比那款多出500元。刚才那款下载软件要花钱,重装系统也要花钱，而这款却不用花这些钱，还有，这款店里就有货，不用等。"

晓晓看了看销售人员推荐的这款手机，还算满意，就又拿出500元钱把这款手机买走了。

回家后，晓晓感觉有些不对劲，就上网查了这款手机的配置，发现与销售人员所称的参数不符，而且售价也远低于店里的价格。晓晓去找那个销售人员退货。结果那个销售人员根本不承认自己说过这款手机配置有那么高，是晓晓听错了，责任不在他，所以不给退。

当然，这些欺骗只是个别现象，并非全部情况。但是，由于顾客没有时间和精力去辨别销售人员和销售活动的"水分"有多大，所以很容易把所有的销售人员以及他们的销售活动"一棍子打死"，认为凡是搞推销的人多半是骗子，都是不可信的，于是他们遇到销售人员就躲着走，怕自己被骗。

一家影楼的工作人员说："许多顾客来了走，走了又来，然后甩下话：'你给我降价我就在你这拍！'我们这个行业是怎么了？如果顾客去的是一家饭店，恐怕他绝对不会说：'你给我降多少钱我就在你这里吃，否则我就去另一家了。'如果真有人这么说，别人肯定会笑他是从外星球来的，但在我们这里，不讨价的人反而像从外星球来的……"

这种现象反映了什么？其实说到底，顾客还价还是因为怕被骗。因为影楼给顾客的印象是牟取暴利的场所，即使工作人员报出底价，顾客也会认为其中还有很大的水分。

许多顾客都有怕上当受骗的心理，因此，面对销售人员，他们表现得很谨慎，浑身上下都充满警惕，就怕掉进销售人员的"陷阱"。

对这种情况，销售人员一定要多多理解，要从顾客的角度去体会顾客的感受，还要深入了解造成顾客这种心理的具体原因，然后设法消除顾客的心理障碍，才有可能打动顾客，让顾客与自己放心地做交易。否则，急于求成，只顾滔滔不绝地介绍，情况就会变成：你说得越多，顾客反而越怀疑。

一位金牌销售人员曾说过：作为销售人员，你不是要打动顾客的脑袋，而是要打动顾客的心。因为心是离顾客钱包最近的地方，是顾客的感情所在，脑袋则是顾客的理智所在。也就是说合格的销售人员要打动顾客的感情，让顾客动心，顾客才会产生购买的想法。

凡事都是矛盾的统一体，所以才要一分为二看问题。虽然顾客怕上当受骗的心理会给你们的沟通带来障碍，但同时也会给你带来机会。一方面顾客需要产品，另一方面又害怕上当受骗，因此他们总希望你能把价格降了再降。顾客通常会找同类商品如何优惠的说辞来刺激你，而你在与顾客交谈时要让顾客了解，任何一种商品都不可能在各方面都占优势，十全十美的商品是不存在的。

你要重点告诉顾客买你的产品能获得什么好处，以此来满足顾客的需求和减轻他担心买贵的顾虑。如果有什么优惠活动，也要提前通知顾客，把利益的重点放到顾客身上，让顾客觉得自己是获利而不是被骗了。

还有一部分顾客担心商品的质量或功能，对商品没有足够的信心。此时，你不妨直接对顾客说出产品的缺点，这比顾客自己提出来要好得多。

总之，销售人员要努力打破这种被动的局面，创设出一个令顾客放心的购物环境。在这个过程中，销售人员要做到能够站在顾客的角度，多多理解顾客的感受，然后在此基础上，采取有效的针对性的措施，努力消除顾客的担心，化解顾客的顾虑，让顾客放心地去买自己需要的商品。

下 篇

销售人员如何做顾客才会买

——满足消费心理突破销售困境

销售人员要想与顾客顺利达成交易，就必须要重视顾客的心理需求，并设法满足其心理需求。销售行为只有最大程度地满足消费者的心愿才有更大的现实意义，也才会突破困境，顺利完成交易。

第四章

用嘴不如用心——了解客户的心，把握客户的人

"能说"靠嘴，"会说"靠心。用嘴不如用心是销售行业颠扑不破的铁律。销售人员必须懂得，什么时候该说以及说什么，什么时候不该说。这些都需要用心去体会。

消费者拒绝背后的潜台词

消费者说"不"是十分常见的事,事实上,从来没有遭到拒绝的销售是非常少见的,甚至几乎是不可能的事。只不过,很多时候消费者说"不"并不是真正的在拒绝,而是背后有更深层的心理因素。销售人员只有洞悉了这些隐藏在"不"后面的真意,才能知道应该采取什么样的策略应对,也才有可能将交易进行下去。

1. "价格太贵"

"价格太贵"是消费者拒绝销售人员时说的最多的一句话。但这多半是表面现象,而不是消费者内心真正的想法。因为贵与便宜,对消费者来讲,很多时候只是一个相对的概念。真正的问题在于销售人员没有把握好"需求认知"这一销售的关键环节,乃至完全忽视了消费者的真实想法,遭到拒绝自然也很正常了。

例如,有位消费者想卖掉自己的大众车,换一辆更好的。一家4S店给他推荐了一辆最新款的车,并把车的性能说得绘声绘色。但是,消费者最后拒绝了,理由很简单,"太贵了"。然而不久之后,他却从另一家4S店那里买了一辆更贵的车。这是怎么回事呢?原来,第一家4S店在推荐新车的时候,描述新车多么时尚气派,但是这却不是消费者看重的地方,所以他没买,而以价格太贵拒绝了。第二家4S店在推荐新车的时候,没有描绘新车的具体性能,而是问他之前的车有哪些问题,开车的感觉如何,需要在哪些方面有所改善，这些话说到了消费者的心里，之后他就在对方的建议下在那家4S店选购了一辆自己满意的车。

这个事例给我们的启示就是，销售人员必须学会如何从解决消费者问题的角度来考虑产品陈述，而不只是做一个机械的产品代言人。换句话说，销售人员首先要考虑自己的产品能够解决消费者的哪些问题，不管这些问题是否真实存在，只有把消费者的需求认知找准了，才能真正给消费者介绍好产品，完成交易。

2.“没有时间”

消费者可能真的很忙，但更可能是认为和你谈话浪费时间。因为当一个人面对自己认为重要的事情时，他总会有时间；而当一个人面对自己毫无兴趣或者不重要的事情时，"我没时间"就是最好的推脱和借口。

对一名销售人员来说，当消费者对你说"我没时间"时，你要在第一时间做出判断，是真的没有时间，还是有时间，只是对和你的谈话不感兴趣。如果是前者，你要及时刹车，迅速投入到说服下一个消费者的努力上去；如果是后者，你需要改变策略，多增加一些吸引消费者的因素在推销沟通里面。但是，不管用什么策略，其中有一个重要的原则一定要牢记，那就是避免引起消费者的反感。

3.“考虑考虑”

有时候，消费者明明有现实需求，但是他们往往会说"我考虑考虑""让我想一想"等诸如此类的话。

如果销售人员真的相信消费者考虑好了之后会主动联系你，和你交易，那等来的多半是交易的泡汤，或者是漫长的等待。

事实上，消费者说"考虑考虑"多半是一种委婉的拒绝，是一种借口，但这并不代表没有希望，相反应该成为销售人员的一个突破口，一个成交的契机。如果你懂得察言观色，从消费者的面部表情和眼神中看出所谓的"考虑考虑"的真实意思，并加以解决，就有推销成功的可能。

如果消费者对商品或者服务很感兴趣，但又担心买了会后悔，你就一定要学会"趁热打铁"，引导对方下定决心购买。例如，当消费者说出"嗯，看起来是很好的，我考虑考虑吧"时，销售人员可以说："实在对不起。""怎么了，没有什么对不起呀？""可能是我刚才的介绍不够清楚，使您有不明了的地方，不然您就不会说'让我考虑考虑了'。可以把您所顾虑的事情跟我说一说，看我能不能帮您？"这样，既显得认真、诚恳，又可以把话头接下去。

如果通过和消费者的交谈，了解对方虽然对产品很感兴趣，但又确实有客观原因买不了，当对方说"我考虑考虑"时，就不宜强求对方了；或者，如果消费者对产品根本不感兴趣，碍于情面，用"我考虑考虑"来委婉拒绝你。这种情况下，可以和他们保持联系，不强求一时的交易，也许有一天，他们有这方面需求时就会联系你。

4."我再看看"

还有一类消费者，在销售人员详细介绍完产品后，表示很认同，但是却说："我想到别家再看看。"

这时，销售人员千万不能泄气，要揣摩消费者说这句话的心理根源：是因为价格因素，还是因为质量问题，抑或是因为服务态度问题？弄清楚这一点后"对症下药"，扭转局面。

例如，某消费者想买一台笔记本电脑，他把这个想法与销售人员说了。销售人员给他推荐了几款笔记本电脑，同时详细地把笔记本电脑的相关情况介绍了一通。听了介绍后，消费者说想到其他的地方再看看。

这个销售人员想知道他去别处看看的理由是什么，于是问道："您知道吗，先生，跟您一模一样，很多顾客在购买我们的笔记本电脑之前，都想再到别的商家看看。我肯定您也希望买到自己满意的电脑，以及最好的售后服务，对吧？"

消费者回答："不错，是这样的。"

销售人员说道："您可不可以告诉我，您想看些什么或者比较些什么呢？"

消费者犹疑了一会儿，然后说道："我想看看能否以同样的价格买到性价比更高的。"

知道了消费者想去别家看看的原因后，这名销售人员说道："非常理解您的想法，出发点没有问题。关于性价比，我可以向您保证，我们所售的产品性价比是很高的。因此不怕和别人家比，做完比较之后，发现我们的最好，我想您一定还会回来的，对吗，先生？"

如这个销售人员所料想，消费者带着比较的心理问过几家后，便又转了回来。最后在这个销售人员的推荐下，选购了一款自己满意的笔记本电脑。

"想到别家再看看"给销售人员传递一种交易不稳的信息，销售人员要查清致使交易不稳的具体因素是什么，然后针对具体因素，予以有效的解决，这样，没有了这些"致病因"，消费者犹疑的"心病"自然也就消失了。

当然，消费者拒绝话语中的"潜台词"远不止这些。在与消费者的交往中，一定要学会识别消费者"谎言"背后的真正意图，积极开动脑筋，发挥思辨精神，读懂他们的弦外之音。

嫌货人才是买货人

销售行业中有这样一个常见现象，就是消费者在对某种产品挑毛病的同时，往往也正是他对此产品感兴趣的时候，正所谓嫌货人才是买货人。

这种现象反映了消费者的挑剔心理。事实告诉我们，没有一个消费者是不挑剔的。无论是有意还是无心。那些有时候看似很不可理喻的挑剔，很多时候却是"醉翁之意不在酒"，他们是为了获得更优惠的价格、更好的服务，或者借以显示自己的尊贵地位，让销售人员重视自己。这种情况下，销售人员要透过现象看本质，不要被顾客的挑剔吓退，要摸清顾客内心的真实意图，进而采取合适的销售策略，自然就会峰回路转。

小陆是一家水果超市的店长，一天，店里来了一位"事多"的顾客。这位顾客边端详着手里的水果边说："你家的水果一般般啊，还这么贵？"小陆微笑回应："您放心，我家的水果不敢说是全区最好的，但品质绝对不次，甘甜可口又新鲜，可以说是这一带最好的，您可以品尝一下？"

这个顾客仍然摇了摇头，说："看起来有点儿小，没有大的看着好看。"小陆保持微笑："如果是自己吃的话，大点小点关系不大，重要的是好吃。您说是吧？""倒也是，可是价格有些贵了，能不能便宜点儿?"小陆笑意未减:"我们店追求薄利多销,价格不高,这样您多挑选一些,给您一些优惠,好吧?"

顾客点了点头,没再说什么,买了两兜水果乐呵呵地走了。

从买卖的过程中,可以看出确实"嫌货人才是买货人",只有那些嫌货色不好的人才是真心想买的人。试想一下,如果对商品不感兴趣,又何必去管货色好不好,价格贵不贵呢?能够通过表象看到本质的销售人员不但是对自己的产品有信心,更多是对顾客心理的深刻洞察。

因此,在与顾客交流的过程中,销售人员不仅要带上自己的眼睛,还要带上自己的脑袋。要多观察,多思考,多总结。既不要轻易相信顾客的"不错!不错!",也不要轻易放过消费者说的一无是处的批评之言。喝彩的只是看客,挑剔的则是买家。很多时候,消费者越是批评商品的缺点,就越是表明他有意购买。

那么,作为推销人员,如何应对顾客这种"别有用心"的挑剔呢?通常,销售人员可以用下面三招应对,以不变应万变。

1.微笑待客

保持微笑待客。微笑是销售人员打开消费者心灵之门的钥匙,也是提升自己形象的手段,同时也反映了销售人员的修养。尤其是在面对比较挑剔的消费者时,销售人员的微笑会让顾客自己都不忍心再继续"挑剔"下去,而开始考虑接受对方的建议。

2.表现出自信

销售人员要对自己及自己的产品有信心。如果销售人员不自信的话,势必会在与消费者讨价还价中露出"怯意",并进而败下阵来。同时,销售人员的自信会提高消费者对销售人员、对产品的信心,提高成交率。

3.识别对方意图

面对消费者的挑剔，销售人员要提高识别能力，洞察消费者的真正意图。对于想买而挑剔的顾客，要针对提出的异议，采取针对性措施，做适当的让步，尽量促成交易。

有些时候，消费者没有相中商品，为了拒绝销售人员的热情推销，会还一个非常低的价格，是为了让销售人员知难而退。这种情况下，销售人员可做合理解释，同时给予消费者自由决定的空间，力争给对方留下好印象，争取下次合作。

言谈举止中藏着成交信号

一般情况下,消费者的购买兴趣是"逐渐高涨"的,且在购买时机成熟时,消费者的心理活动趋向明朗化,并通过言行举止表露购买意图信息。有些信息是有意表露的,有些信息则是无意流露的,前者容易观察到,后者则需要销售人员细心观察。

1.语言信号

相当一部分消费者在有购买打算时,从其语言举止中是可以得到判定的。这也是成交信号中最直接、最明显的表现形式,只要销售人员有意捕捉和诱发消费者这些语言信号,就可以有效向前推进交易。

常见的成交信号包括:

(1)话题集中在某一独特的问题上,消费者反复询问,这说明此问题极有可能是成交的最后一道坎,"迈"过去就好了。

(2)消费者对产品给予真诚的肯定和称赞,或者对产品爱不释手。

(3)征询朋友的意见,说明他想买,正在求证。

(4)询价和讨价还价,这是一个最显著的信号,因为询问价格说明兴趣极浓,商讨价格时,更说明已经做好了成交的准备。

(5)询问交易方式、购买手续、付款条件等,例如,当消费者问:"可以分期付款吗?"这就是一种有意表现出来的真正感兴趣的迹象，这表明成交的时机已到。

（6）对产品的细节如包装、颜色、规格等提出很具体的意见和要求。

（7）消费者提出"假如我要购买"的试探问题，比如"如果我们购买，是否能帮助我们培训操作人员"等。

（8）对产品质量或工艺提出疑问，说明他关心买了以后的使用，并为价格谈判做铺垫。

（9）了解售后服务的各项细节。

语言信号的种类很多，除了表示欣赏的，表示询问的之外，还包括提出反对意见的。反对意见中，有些是成交的信号，有些则不是，必须根据具体情况具体分析，既不能都看成成交信号，也不能无动于衷。

2.表情信号

表情信号是消费者在销售洽谈过程中通过面部表情表现出来的成交信号。及时发现、理解、利用消费者表露出来的成交信号，并不十分困难，其中大部分也能靠常识解决。具体做法一要靠细心观察与体验，二要靠积极诱导。当确认成交信号时，一定要及时捕捉，并迅速提出成交。

具体来说，消费者的表情成交信号包括：

（1）当消费者开始认真观察产品时，表示对产品非常有兴趣；在听你介绍产品的时候若有所思地把玩产品，很可能内心正在盘算怎样和你成交呢。

（2）消费者的表情由戒备、抵触变为放松，眼睛转动由慢变快，眼睛发光，腮部放松，这都表示消费者已经从内心接受了产品。

（3）在销售人员讲话的时候，消费者频频点头，说明"洗脑"已经成功；认真观看有关的视听资料，并不断点头。

（4）脸部表情从无所谓、不关注变得严肃或者沉思、沉默，说明他在往心里去，由于内心在做衡量，所以才表现出沉思和严肃。

（5）态度由冷漠、怀疑变成自然、大方、亲切，说明对产品的接受。

（6）当消费者身体靠在椅子上，眼睛左右环顾后突然直视着你的时候，说明他在下决心。

3. 行为信号

行为购买信号是消费者在销售洽谈过程中通过其具体行为表现出来的成交信号。消费者的某些行为是其心理活动的一种反映，这种购买信号主要是通过"身体语言"表现出来的。如：

（1）坐姿发生改变，原来是坐在椅子上身体后仰看着你，现在直起身来，甚至身体前倾，说明已经由原来对你的抗拒和戒备，变成了接受和迎合。

（2）动作变化，由原来静止地听你介绍变成动态，或者由动态变为静态，说明他的心境已经发生改变。

（3）消费者不再提问，而是认真思索。

（4）反复阅读文件和说明书，从单一角度观察商品到从多角度观察商品。

（5）查看和询问有关成交条件的合同文本或看订单。

（6）打电话询问家人，或者询问心目中的专家。

当然，购物环境、产品特征、销售人员的介绍能力及成交阶段的不同，消费者表现出来的成交信号也千差万别。作为销售人员，一定要学会敏锐把握成交的信号，细心观察消费者的细微表现，由表及里，探查消费者内心的真实意图。在明确消费者希望成交的信号后，及时做出积极反应，促进交易向前发展。

做一个察言观色的高手

从事销售的人,必须学会察言观色,这样才能由表及里,感知客户的心理活动,进而投其所好,实现达成交易的目的。

事实上,察言观色确实可以帮助销售人员探查客户的真实心理。比如,当销售人员讲到消费者感兴趣的地方时,对方会精神抖擞地注视着你,或者询问一些相关的问题。而当客户不感兴趣的时候,一般会在脸上表现出来一些不满,如皱眉头或者眼睛看向别的地方,甚至有的会借故离开。

因此,在与消费者面对面交流的时候,一定要注意观察对方的言行举止。这不是一件容易的事情,要从客户的神态中看出客户当时在想什么,要从客户说话的口气中听出客户的成交意向有多大,要从客户的小动作中探知其内心的真实意图,若不懂得察言观色的技巧是无法做到的。下面是常见的微表情、微动作,熟悉它们蕴含的深意,有助于了解对方真实的内心。

1. 眼神

眼睛可说是脸部最富表情的器官,也是最容易泄露内心秘密的地方,人类深层心理中的欲望和感情,首先就反映在眼神上。

如果对方的眼神横射,仿佛有刺,表明他(她)对你或者对你的话题异常冷淡,作为销售人员就要好好想想自己哪些行为惹恼了对方。

如果对方的眼神流动异于平时，有可能有了什么新发现，或者有了新主意，这时不要轻易相信对方的话语。

如果对方眼神恬静，面有笑意，说明此刻心情很好，或对于某事非常满意。此时和对方谈合作是最好的时机，可能三言两语就能把事情办成。

如果谈话中发现对方眼神上扬，最好马上结束话题，退而求接近之道。这种眼神表示他已经不想再和你谈下去了，不管你说得如何生动、理由如何充分，都不能提起对方的兴趣了。

眼神的表现十分复杂，内涵也十分丰富。要想准确发现其深意，需要仔细观察，用心感悟，方有可能准确探知。

2. 眉毛

每当我们的心情改变，眉毛的形状也会跟着改变，这被称为"眉毛的动作"。一般来说，皱眉，通常是愤怒或者为难的表现。眉毛斜挑，显示处于怀疑的状态。眉毛连闪，表示很高兴。眉毛上扬，表示一种非常欣赏或极度惊讶的神情。眉毛紧缩，表示内心深处忧虑或犹豫不决。眉心舒展，表示心境坦然，处于愉快的状态。

3. 鼻子

虽然说鼻子的动作常常被忽略，但实际上，鼻子对人们内心的感受十分敏感，内心的波动常常通过鼻子表现出来。一般来说，鼻孔扩大是愤怒、不满或者得意的表现。鼻孔朝天常常是自高自大、傲慢无礼的表现。皱起鼻子，表明一种厌恶或者轻蔑。鼻头冒汗，说明心理焦躁或紧张。鼻子泛白，表明当事人情绪消极，内心犹豫不决。

4. 嘴唇

一般情况下，经常舔嘴唇，表示当事人正在压抑由兴奋或紧张所造成的内心波动。如果在交流的过程中，对方用上牙齿咬住下嘴唇，或是用下牙齿咬住上嘴唇以及双唇紧闭，表明他正用心地听对方讲话，也可能正琢磨对方所说的话，还有可能在自我谴责，甚至自我反省。要想准确判断，需要参考正在谈论的话题以及当时的语境。

如果嘴唇的两端稍稍向后，表明正在注意听说话；如果整个嘴唇往前噘，则可能是一种防卫心理的表现，或者是撒娇的表现。如果在需要做决定的时候，将嘴抿成"一"字形，通常表示已经下定了某个决心。

5.笑容

笑是最常见的表情，同时，也是含义最复杂的身体语言，因此，捕捉、过滤和分析笑容，难度较大。一般情况下，哈哈笑，说明性格豪爽，体力充沛，喜欢与人相处。呵呵笑是自觉没有信心或强制压抑不快的情绪时，没有理由发笑的笑声。嘿嘿笑，表明当事人带有批评或轻蔑的心态。当然，对这种笑声已成习惯者另当别论，但一般人发出这种笑声即可断定商谈无法成功。在紧张时忽然一笑，常常借以掩饰内心的慌乱。

人心是世界上最复杂、最难看透，却又是最需要了解的东西，要想看透别人的内心，就要努力提高察言观色的能力，见微知著，由表及里，力争将内心真实的隐秘探究清楚。

抓住顾客的"性格软肋"

顾客形形色色，性格特征多种多样，消费心理更是千奇百怪。这就使得他们在消费过程中有着多种不同的表现。销售人员要对顾客不同的性格特征和消费心理进行准确定位，然后抓住其心理软肋，充分加以利用，将潜在顾客的购买意图转化为现实的购买行为。

1. 应对专断型顾客

很多销售人员都怕与专断型顾客打交道。专断型顾客的特点是独断专行，喜欢以自我为中心，总是希望别人能够认同和欣赏自己，更希望别人能够按照自己的意志去行事。

虽然，专断型的顾客在消费的过程中，会很快做出决定，但是前提必须是商品能够完全符合他们的要求。而且在选购的过程中，他们往往言辞简单，不会向销售人员透露太多的信息，而是更喜欢提出要求。如果销售人员做得不好，他们基本都会果断地选择离开。

正因为如此，一般情况下，销售人员不太愿意与专断型的顾客打交道，因为很难说服对方。销售人员的这种畏难情绪可以理解，但并不是没有办法"降服"这一类型的顾客。在众多办法中，变换主客关系（也就是把顾客转换到主人的位置上），让其来评判和选择产品就是个很有实效性的办法。如，可以说："先生，您很有主见和判断力,您喜欢哪种款式,想必早已经心里有数了吧!"这样,就把对方推到主动的位置上来,让他说出自己的想法。对方骑虎难下,一般是会"接招"的。既然是他自己所选择的商品,那么他自然不会再拒绝。

2. 应对随和型顾客

随和型顾客性格温和、态度友善,很少直接拒绝销售人员的登门造访或产品介绍,也很愿意听销售人员的"唠叨",思维往往会被销售人员牵着走,即使销售人员表现得很不热情、很不积极,他们也能容忍,不会轻易发脾气。

虽然这类型的人很随和,很有亲近感,但是对于销售人员来讲,这一类型的顾客却是最难做成交易的顾客,究其原因就是他们性格和心理的复杂性。

销售人员在与这一类型顾客沟通的过程中,会发现这类顾客说得最多的话就是"好",无论什么都以"好"作为结束语,唯一说"不"的时候就是不买产品的时候。这让销售人员十分无奈。

由于随和型的顾客需要了解的东西太多,也很谨慎,所以销售人员要积极地与其沟通交流,并热情地为其介绍相关情况,以便满足其心理需求。通常,随和型的顾客做出决定的时间会很长,所以销售人员不能太急,也不能给予否认或者怀疑,要把握分寸,适当地给予对方思考时间,这样才能让交易顺利进行。

另外,也正是由于随和型的顾客不愿意承担风险,所以,销售人员在与之合作时,适宜用专业的商务语言给予其积极的建议,让对方了解到你的诚意,消除其心中的种种疑虑,最终水到渠成地完成交易。

3. 应对虚荣型顾客

虚荣心是一种很普遍的心理,喜欢炫耀,喜欢被人夸,喜欢与人攀比，喜欢高别人一等，这些都是虚荣心理的表现。虚荣型的顾客就有这样的特点，他们最开心的事情就是听到别人夸自己。

与虚荣型的顾客打交道是销售人员十分愿意做的事情，因为在与对方沟通交流时，不需要费太多精力去介绍产品，也不需要想太多的办法去获得对方的认同，只需要恰到好处地恭维对方，合作就基本有谱了。

如果能够确认对方是虚荣型的顾客，那么在与对方交流沟通中，销售人员就要利用一切可以利用的机会展开恭维。如果是在顾客家中，可以赞叹顾客家居的设计风格独特，屋内的家具品位不凡等。如果是在顾客的办公室，可以夸赞其办公室的整体风格很让人赏心悦目，或者顾客的办公效率。

恭维要讲究一定的方法和技巧，才能起到四两拨千斤的绝佳效果。不能过于直接，过于直接容易让对方产生不真实感，甚至怀疑你在讽刺他，从而产生反感。

4.应对精明型顾客

通常情况下，精明型顾客都有着较高的见识能力，在消费的过程中沉着冷静，不轻易受他人影响，对销售人员以及商品有着较高的要求，一旦销售人员出现什么差错或者漏洞，将直接影响他们的购买决定。

通常，精明型顾客比较强势，最讨厌别人弄虚作假，一旦发现销售人员没有说实话，他们就会不依不饶。因此，在精明型的顾客面前，销售人员最好避免夸张的说话，不说不切实际的话。如果弄虚作假被发现，无疑会使自己处于非常不利的地位。

由于这种类型的顾客希望销售人员不管是看起来、听起来、还是感受起来都要符合他们的要求。所以，在与这样的顾客相处时，一切都要以井井有条的状态出现，尤其是对细节的把握方面更要注意。

在和精明型顾客打交道时,销售人员首先要树立信心,不要胆怯害怕。其次要保证以真诚的态度对待对方,介绍商品时实事求是,不弄虚作假。再次,要热情地为对方服务,设身处地地为对方着想。最后,将选择权交给对方,并给对方考虑和调查的时间,不逼迫对方做出选择。只要规范操作,将自己的行为都纳入他们的规范要求中,就能换来这类顾客的信任,为交易打好基础。

5.应对犹豫不决型顾客

销售人员经常会遇到这种类型的顾客:他们似乎对你的产品很感兴趣,对你的建议也很赞同,也比较信任你,但就是犹豫不决,不做最后购买的决定。

从心理学的角度分析一下这类人的特点,他们大多情绪不是很稳定,忽冷忽热,对一些事物往往没有什么主见,但喜欢逆反思维,总是盯着事物不好的一面,不去考虑积极的一面。他们在选购商品时总是左挑右选,纠结于一个小细节,疑心重重,直至在确定没有任何问题之后才决定购买。

针对犹豫不决型顾客疑心重、爱挑剔的心理,销售人员要对症下药,利用危机感促使他们早下决心做交易,比如利用诸如"限量购买""最后一批""最后一天"等说辞,使其产生一种危机感,促使其早下定决心交易。

6.应对墨守成规型顾客

墨守成规型的人的总体特点是:性格沉稳,思想保守,不易接受新事物。爱钻牛角尖,而且不容易从里面摆脱出来,容易为一些先入为主的观念所左右,一旦形成固定的印象就很难改变。在消费观念上,这类人喜欢在同一家商店购买商品,认准一个牌子的东西一直用,对其他的商店或者品牌则没有太大的兴趣。选购商品注重安全、品质和价格，会对商品做出理智的分析和判断，只有当他们确认产品适合自己长期使用才会决定购买。

由于这样的性格特点，墨守成规型顾客接受新产品的过程是比较缓慢的，因为他们需要对产品的质量以及其他多方面的因素进行综合考虑和检验。只有当他们最终确认产品是实惠的、安全的才会选购该商品。所以销售人员在面对这样的顾客的时候，必须要拿出足够的耐心，急于求成只会让这类顾客产生反感，使其本身固守的心理更加强烈。

在劝导这类顾客购买产品的过程中，如果销售人员能够给对方澄清其中的利害关系，并且能够提供物美价廉的商品，还是可以打动其内心的。其中，销售人员最好的销售武器就是让对方感到自己给其推荐的商品安全实用。这种推销方法不仅省时省力，而且降低了成本，是应对此类型顾客十分有效的方法。

第五章

近身才有机会——有好的关系，才有好的生意

消费者是讲人情的，谁和他关系好，他就会"照顾"谁的生意。销售人员要想提高业绩，先要过好这道"人情关"，设法拉近和顾客的关系。

与消费者建立同体观

通常情况下，消费者对陌生的销售人员有一种本能的抵触心理，这让他们与销售人员保持一定距离。销售人员可以借助语言的力量消除隔阂。正如著名成功学家林道安所说："一个人不会说话，那是因为他不知道对方需要听什么样的话；假如你能像一个侦察兵一样看透对方的心理活动，你就知道说话的力量有多么巨大了！"

那么，如何才能借助说话拉近与顾客的距离呢？

关注政治的人都注意到演说家和政治家都喜欢在演说中频频使用"我们""我们大家"等字眼。如："我们要趁早将牛肉贸易自由化，使大家能吃到廉价的牛肉，所以我们必须行使我们共同的权利，以达成这个目的。"

因为加入了"我们"，即使那些人是为了个人的利益，但是给听者的感觉却是：这是与大众切身利益密切相关的。简单的几句，便笼络了大众的心，使众人产生了"命运一致"的感觉。这其实就是心理学上的"自己人效应"。

每个人的内心都存有或多或少潜在的"自我意识"，都不愿意受到他人的指使。如果他认为你是在说服他，他的自我意识会变得更加强烈，不易与你的看法一致。即使你说得天花乱坠、头头是道，在他看来可能你也只是为你的个人利益进行的表演，不一定愿意接受你的意见。但是如果此时你能使用到"我们"这一字眼，就会暗示对方：彼此是一体，是利害与共的。这样，对方原本坚强的防御体系往往也会自动放下，他们会在不知不觉中信服你的说法。

同理，当销售人员想要说服消费者购买你的产品时，首先就需要在心理上让他感觉到你和他都是"自己人"。"自己人效应"一经形成，人与人之间的摩擦事件与心理冲突会大大减少，就更容易建立良好的合作关系。

那么，如何才能让消费者对你产生"自己人"的感觉呢？

俗话说"物以类聚，人以群分"，心理学家发现，各种情况的相似，都能引起不同程度的人际吸引。共同的态度、信仰、价值观、经历和兴趣，共同的语言、种族、国籍、出生地；共同的民族、文化、宗教背景，共同的教育水平、年龄、职业、社会阶层，甚至共同的身体特征，如身高、体重等，都能在一定条件下，不同程度地增加人们之间的相互吸引力。

所谓"自己人"，就是上面所说的这些与自己存在着某些共同之处的人。例如，当我们正在犹豫是否买某种产品的时候，如果销售人员对我们说："我自己用的也是这个产品，挺不错的！"这时候，我们往往就会对他产生信任感。

与消费者建立同体观，不只要让对方产生"自己人"的感觉，还要适时"跳"出来，给予消费者以理解、肯定、包容的态度，同样可以增强消费者的信赖感，可以试试在下列三方面下功夫。

1. 认同消费者的观点

消费者的观点或许并不一定正确，但是想要让消费者信赖你，接受你的观点，你就得先"认同"他的观点。这样消费者不知不觉中就放下戒备心理，开始试图接受你的观点。

2.理解消费者的心情

人人都渴望被理解,而且,人们往往会对能够理解自己的人产生一种莫名的亲切感。所以,销售人员应该尽量站在消费者的角度,了解他们需求,理解他们的心情,掌握他们的心理,进而因势利导,引导其达到销售的目的。

3.感谢消费者的建议

消费者的建议往往是其内心最真实的需求。有时候消费者提的意见是很接地气的,它独特而真实、蕴藏着巨大的商机,即便没有什么实质性作用,也要感谢消费者的建议。这样,可以给消费者留下一个好的印象,拉近彼此关系,利于销售目的的达成。

总之,如果希望自己很快被消费者接纳,就必须同对方保持"同体观"的关系,把对方与自己视为一个受益体。这样,双方的心理距离就近了,对方就不会感到某种心理压力的存在,也无须有戒心了,交易就容易达成了。

用幽默拉近与顾客的关系

幽默是一种生活态度，也是一种与人沟通的技能，在心理学家看来：幽默是一种最富感染力、最具有普遍传达意义的交际艺术，对融洽人际关系起到了巨大的作用。

在销售中，交易的本身容易让消费方对销售方充满戒备与敌意，如果销售人员在与消费者的交流沟通中能够适当运用幽默的语言，一定程度上可以消除消费者的敌对和紧张情绪，甚至会制造出一种一见如故的轻松愉快的交谈气氛，大大有利于后续的交流和推销活动。

事实上，诸多成功的销售案例也可以充分证明，只要能创造出与消费者一起笑的场面，就突破了消费者排斥你的难关，并拉近了彼此的距离，在此基础上就极有可能把潜在消费者变成实实在在的客户。下面这个关于日本寿险业务员原一平的推销案例就极好地说明了这一观点：

一次，原一平到一个客户那去推销保险，一见到对方他就自我介绍："你好！我是明治保险的原一平。"说着递上自己的名片。

"哦……"对方端详他的名片一阵子后，慢条斯理地抬头说："两三天前曾来过一个保险公司的推销员，他话还没讲完，就被我赶走了。我是不会投保的，所以你多说无益，你还是快走吧，以免浪费你的时间。"

原一平自然看出了此人的不友好,但他自有办法应对。"真谢谢你的关心,你听完我的介绍之后,如果不满意的话,我当场切腹。无论如何,请你挤出点时间给我!"原一平一脸正经,甚至还装得有点生气地说。

对方听了忍不住哈哈大笑,说:"有点意思,你真的要切腹吗?"

"不错,就像这样一刀扎下去……"原一平一边回答,一边用手比画。

"是吗?等着瞧吧!我非要你切腹不可。"

"来啊!我非常害怕切腹,所以非要用心介绍不可啦!"话说到此,原一平脸上的表情忽然从"正经"变为"鬼脸",看到这里,这个人和原一平不由自主地一起大笑了。

对一个销售人员而言,能运用幽默的语言消除消费者的陌生感和敌意是非常重要的,它是后续销售活动顺利开展的重要前提,是交易成功的前奏。在这个事例中,原一平就是运用了幽默的语言消除了消费者的敌意,制造出一种轻松愉快的交谈气氛,让对方不再排斥自己,为后面的推销活动打下了良好的基础。

在运用幽默这一技巧时,销售人员要注意以下几点:

1.要掌握分寸

在和顾客开玩笑时,要注意保持一个"度",即要掌握好分寸,避免给顾客留下轻浮、不可靠的印象。真正的幽默不是油腔滑调,也不是嘲笑或讽刺。

2.要注意内容

幽默的内容要保证健康,不要低俗,更不要拿顾客的私人问题说笑,以免引起对方的不快,使顾客觉得你不尊重他,而且一定要做到措辞明了，避免引起误解。想要在客户面前展现自己的幽默，平时就要多修炼自己的内心，不断雕琢自己的说话文法、方式。

3.要保持微笑

在和顾客开玩笑的过程中，一定要保持微笑，否则，幽默就很容易被误认为是讽刺，从而增加对方的敌意。微笑一定要发自内心，展露真诚。

4.要区分对待

准备幽默一番之前，最好先分析顾客是否喜欢幽默，是否能接受自己的这个幽默。一定要确信自己的幽默不会激怒对方。如果对方是一个一本正经、喜欢直截了当的人，就不要自作聪明，故作幽默了。否则，极容易引起对方的反感，给交流增加障碍。

总之，在与消费者沟通交流中，要根据实际情况，适时幽默，让合适的幽默成为你和消费者关系的"润滑剂"，助力你们的关系更紧密。

尊重消费者的"私人空间"

心理学中有一个"刺猬法则",它源于西方的一则寓言,说的是在一个寒冷的冬天,两只刺猬被冻得浑身发抖,为了取暖,他们只好紧紧地靠在一起,而相互靠拢后,又因为忍受不了彼此身上的长刺,很快就又各自分开了。可天气实在太冷了,它们又靠在一起取暖。然而,靠在一起时的刺痛使它们不得不再度分开。挨得太近,身上会被刺痛;离得太远,又冻得难受。就这样反反复复地分了又聚,聚了又分,不断地在受冻与受刺之间挣扎。最后,刺猬们终于找到了一个适中的距离,既可以相互取暖,又不至于被彼此刺伤。

这个寓意表明个体之间要保持一个合适的距离,不可离得过近,否则就容易让彼此受伤,这就是所谓的"距离产生美"。生活中每个人都有自己不容侵犯的"私人空间",即便是很亲近的人也不允许靠近,实际上,这是一种自我保护的体现。

表现在营销关系中,就是销售人员要充分尊重消费者私人空间不可侵犯,保持与消费者之间的距离,给消费者创造一种轻松、愉快而又亲切的环境,为销售工作埋下伏笔。

对销售人员来说,这个尺度的拿捏是个"精细活":离消费者太近,对方必然会产生压抑的心理,离得太远,又无法和对方亲密交流。那么,如何才能做好这一点呢?

通常可从下列两方面注意：

1. 保持"安全距离"

先看看下面这段对话：

副经理刚送走某公司的销售人员，笑容立刻消失了，转身对总经理摇摇头。

副经理："这家公司不行，规模一定不大，一看就没有大公司的样子。"

总经理："何以见得？"

副经理："刚才那位销售人员一直把身体贴得很近地跟我说话，我都看见他的头皮屑了。套近乎也不是这么个套法吧。"

总经理："嗯，有道理。"

就算你不介意自己的头皮屑被看到，别人还介意呢！可见，销售人员一定要把握好与消费者的距离，给消费者一个舒适的自由空间。

无论坐在你对面的消费者是同性还是异性，你都需要与之保持身体上的一段"安全距离"。一般来说，与不熟悉的人适宜保持1米以上的距离。

2. 避免谈论私密问题

与消费者谈话时，要避免谈论私密问题，这也属于私人空间成交法中不可缺少的一部分。即使有时候，有些话题是消费者发起的，你同样也要注意不能随意议论，隐私毕竟是隐私，涉及很多问题，稍不留心，就有可能触碰"雷区"，因此一定要适时止步。

客户："最近心情很糟糕。"

销售人员："怎么了？说出来，让我帮您分担一下。"

客户："我老婆太任性了，最近没事找事跟我吵架。我整天在外奔波，不都为了这个家吗？你给我说说，她到底是怎么想的。"

销售人员笑了笑，没有说话。客户看着销售人员的反应，也感觉说多了。

销售人员："这个问题我不方便说什么，我们喝茶。"

客户："好，喝茶。"

两个人又聊起别的话题。

这个销售人员很聪明，他知道什么忙可以帮，什么忙不能帮，什么话题自己可以发言，什么话题自己要规避，这是十分必要的人际关系准则。

其实，跟消费者聊私事不是不可以，但要注意哪些私事可以聊，哪些私事不可以聊。对可以聊一些的私事也要掌握尺度，不要涉及太深。作为一个销售人员，要切记，聊与业务相关的事情才是你要做的。当客户和你谈到私密的事情时，比较明智的做法就是巧妙地转换话题。你知道的事情越多，跟客户的关系越复杂，就越不好处理。

事实证明，私人的事是要多复杂有多复杂，要多微妙有多微妙，所以不要自以为聪明，自以为说话有分量，自己与对方的关系有多近，就轻易介入别人的"私人空间"，那样的话只会让自己陷入被动和尴尬的境地。

对销售人员来讲，更是不要轻易侵犯客户的私人空间，要时刻注意尊重客户隐私。不该问的不问，不该说的不说，给客户一个"自由空间"，保持适当关系，做长久生意。

把顾客"悄悄"拉入销售中

心理学认为,喜欢参与是人类的一个特点,参与到某活动中会让一个人感觉到自己的重要性,增强存在感;同时也能感受到来自他人的尊重和信赖,从而激发出热情。

前苏联有一位画家每次给小说画插图时,总是在插图的一个角画上一只狗。负责书稿的编辑坚决要求删除这条与文章毫无关系的狗,而画家则"据理力争",要求保留这只狗。但苦于辩驳不过编辑,最后才"迫不得已"接受对方的意见。

结果,插图的其他部分在几乎没有什么改动的情况下就发表了,画家达到了他真正的目的。画家为什么要多此一举画这只狗呢?实际上,这个画家的目的之一,是在保证画的真正内容不受"损害"的情况下,给编辑制造一点"麻烦",让编辑更深入"参与"进来。

在销售活动中,这一原理也同样奏效,例如,某年市场出售一种速成蛋糕粉,往这种蛋糕粉中加水就可以和好面粉送入烤箱烤制出美味蛋糕,可是这种蛋糕粉却遭到了主妇们的抵制。原因何在?就在于在这个过程中,主妇们什么都不用做,没有参与感。后来配方加以改动,要求主妇在其中打入鸡蛋,结果就大受欢迎。

还有,在高级餐厅里,桌子上摆的胡椒粉和盐瓶子,大都是手动旋转,然后磨碎撒出来。而低级餐厅则是提供现成的胡椒粉和盐。这同样体现了"参与感"的重要性——在商品中加入一定的人类劳动，就可以得到更多的认可。

因此，作为销售人员，要想提升消费者的配合热情，就要想方设法把消费者拉入销售环节中，而且最好是"悄悄"的，使其不知不觉参与到销售活动中来。

参与到销售环节中，不仅仅是让消费者自己动手这一点，参与对所售产品的评判，也是一个很常见、很有效的方法。事实上，若能让消费者参与对所售产品的评判，就会大大增加消费者对产品的了解，增强他们对产品使用的信心。另外，还可以使消费者获得重视感，这一点对交易的顺利开展十分有利。

A市最大的民营医院为了满足市场需求，准备购进一批X光机。院方把这项采购任务交给了医院一位主任。消息传出后，这位主任每天都被多个X光机生产厂家的业务人员包围。这些销售人员在这位主任面前不停地夸奖他们的机器设备有多先进，有多灵光，这位主任不厌其烦。

有一名销售人员却与众不同，他设法见到这名主任后没有像其他销售人员那样滔滔不绝地介绍产品，而是对主任说："谢谢您在百忙之中给我这段时间，我简单说，我们公司生产出一套新的X光机，十全十美自然是不敢说的，它肯定有不足之处，因此我们想更好地完善它，改进它，现在我们需要一个专家来对这款新机器进行一个科学的评价，以便我们能够知道如何才能使它变得更好。因此，想请您百忙之中找个时间帮我们去测验一下，看看如何改进，才能更有利于您的这一行业要求，您的宝贵意见对我们十分重要，定会让我们的机器更完善。我们知道您非常忙，所以我们会在您方便的任何时候恭候您，非常想听到您的指教。"

这位主任听后,脸上露出高兴的神情,对这名销售人员说:"你这么说出乎我的意料,这让我感觉我很重要。说实话,到目前为止,还没有任何一个X光机厂商向我请教设计制造方面的问题,你是第一位。确实,我的时间很紧,非常忙,但为了这份信任,我决定推掉明晚的私人约会,而去看你们的机器。"

第二天下班后,这个主任果真没有去赴私人约会,而是随着这名销售人员去看他们新生产的X光机。在看过机器后,这个主任给予了高度肯定,并认真地提出了几点意见。沟通在友好的气氛下进行,几番沟通后,这个主任决定向这家厂商购进一批这种型号的X光机。

实际上,这个主任被这个销售人员"悄悄"拉入了销售环节中,只不过他本人没有察觉而已。从一定角度来讲,产品的好坏就是由消费者决定的,那么销售人员就应该想尽办法为消费者亲身感受产品的功效而创造机会,这样消费者才会更加懂得商品的真正价值,能更深刻地体会到自己拥有这一商品的实实在在的好处,同时,也会因获得销售方的尊重而产生心理舒适感,从而极大地促进交易向前发展。

在这个过程中,销售人员要掌握让消费者参与的最佳时机,在最佳时间让消费者参与进来,并且恰到好处地使其感觉到产品的优势和你的真诚,从而有效推动交易进程。

站在消费者的立场说话办事

相当一部分销售人员都奉行"成交为第一准则、盈利为唯一目标"的销售金言,并在这一销售金言的指导下,为获得利润,花言巧语诱导消费者购买一些并不适合对方的商品,一旦销售出去后就万事大吉,对消费者在使用过程当中出现的问题不予关注,对售后要求不予理睬。

这样做的结果可能使销售人员在短时间内获得不菲的收益,但是从长远来看,对销售人员的发展却是极为不利的。因为如果消费者的利益受到损害的话,无疑会降低他们对于销售人员以及销售人员背后商家的信任,长此以往,客户流失是必然的。

相反,在销售的过程当中,如果销售人员能够将消费者所面临的问题当作自己的问题,站在消费者的立场来面对、来说话,而不唯利是图,搞"一锤子买卖",那么无疑将会增进彼此之间的信任,友好合作关系也将更加稳固。对此,销售人员要分清其中的利弊,尽可能站在消费者的立场看待问题、解决问题。

下面两点,是销售人员站在消费者立场为其说话、解决问题的核心要素,在与消费者沟通交流中,销售人员要处理好这两方面的问题。

1.运用恰当的语言

销售人员与消费者沟通的主要工具是语言。因此,要想让消费者清楚你是在为他着想，满足他所需，为他排忧解难，运用恰当的语言是十分有必要的。

一位消费者慢慢走近商场厨具用品展台，导购员见她边走边看，好像在寻找着什么，但又迟迟疑疑，就判断对方想买东西但又由于某种原因不太敢买，于是迎了上去，热情地问："女士，您需要些什么？"

"我随便看看。"

"好，您要看什么我给您拿，不买也没有关系。"

似乎是觉得导购员盛情难却，消费者便说："请把那套带蓝色花边的餐具拿给我看看。"

导购员将那套带蓝色花边的餐具拿了过来，在消费者看的同时介绍了这种餐具的质量、特征。消费者一边看一边问，导购员清楚准确地做了解答。最后消费者购买了一套带蓝色花边的餐具。

离开柜台的时候，消费者说："本来我没有想好是买还是不买，只想顺便来看看有没有花色好一点儿的，你那句'不买也没有关系'打动了我，促使我下决心购买了。"

这名导购员简简单单一句"不买也没关系"起到了很好的促销作用，最终促成了这笔交易。导购员的话虽然简单，但是却给了踟蹰不前的消费者一种鼓励，使其做出购买的决定。

2.以消费者利益为先

消费者需要的是关心和重视。销售人员若能以消费者利益为先，悉心地为其提供周到的服务和帮助，替他们解决问题和困难，消费者也一定会意识到你是在帮助他，满足他所需，而不仅仅是为了他口袋里的钱，继而会降低心理防线，接受你的建议。

艾伦是一名寿险推销人员，一次，他遇到一个消费者，这名消费者对艾伦说："我要为我自己买5000美元的寿险，还要为我的太太与三个小孩子各买1000美元的寿险。"

对于一般保险销售人员来说,听到这句话一定会欣喜若狂,赶紧为客户办理业务,但艾伦却开口纠正消费者:"寿险的主要目的是保障大人,因为只有大人有了一定的保障,才能更好地保护好孩子,所以您不需要为孩子买寿险。"这名消费者琢磨一番,觉得艾伦说的有道理,于是接受了艾伦的建议,只为自己和太太买了寿险。

艾伦本来可以像其他保险推销员一样,在清楚消费者要求后,不顾是否适合消费者情况,就为其办理。可是他却站在消费者的立场,替对方切身利益着想,提出合理化建议。

虽然这样一来艾伦的收益受到了影响,但是却赢得了消费者的敬重和信赖,从长远来看,与艾伦有益无害。果然,这名消费者后来给艾伦介绍了好几个顾客,两人还成了好朋友。

艾伦成功的秘诀就在于,站在消费者的立场,设身处地为消费者着想。用他自己的话说就是:"你应该设身处地为消费者着想,为他设计最适合的保险,只要你使他觉得你的服务不同凡响,你就处在有利的地位了。"

销售人员一定要清楚,销售人员与消费者之间不是对立的,也不是此消彼长的,而应该是互相帮助、互惠互利的。销售人员要学会像对待朋友那样对待自己的消费者,要亲切友好,不斤斤计较,让对方知道你真诚的合作愿望,这样会让消费者在心理上得到极大的满足感,认为与你合作非常放心,自然就会与你加强联系,密切合作。

人性化销售必不可少

随着社会的进步和消费者认识水平的提高，消费者所要求的不单单是一个产品，更重要的是一种人性化的服务。因此，销售人员在销售过程中应努力让消费者得到应有的关怀、体贴和愉悦，使彼此的关系更融洽，很多时候这要比产品更能打动消费者。毕竟商品只是一种冰冷的东西，没有销售人员人性化服务的温暖，它的价值很难充分发挥出来。

概括来讲，人性化服务是以人为本，给予消费者以人文关怀，从而有效提高消费者心理舒适度，最终达到融洽彼此关系，促成交易。

那么，如何才能做到人性化服务呢？实际上人性化服务没有一个固定的模式方法，但却有一些共同的内涵，这些共同的内涵支撑起人性化销售的"大厦"。

1.重视顾客

每个人都希望自己在别人心中是重要的，消费者也是如此。为此销售人员要让消费者感到自己是受到对方重视的，要让消费者真正感受到"在为我服务"，而不是"我只是在接受大家都应得到的服务"。无疑这种感受会提高消费者的心理舒适度。

这就要求销售人员要更加全面了解消费者的情况，从消费者的职业、身份、地位到兴趣爱好、家庭关系等，要有一个系统的掌握，如一个优秀的宾馆服务员，要记住自己所服务的每位顾客的作息安排，并能提前为他们准备好所需的一切，让消费者感受到真心实意的温暖。

2. 关心顾客

人人都渴望被重视，也渴望被关怀。关怀是一种自内心而发的真挚感情，情感的力量是强大的，比商品本身、商业项目、交易规模都要重要。多一些对顾客的关心可以体现出销售人员的人性化服务，有利于维系和促进销售人员与消费者之间的友好关系。

关心顾客不是非要做一些"大事"，一声问候、一句关心，一件平常小事，都可以给人一种亲切感，让消费者感觉你就像关心自己的"亲人"一样关心自己，无形中增进了销售人员与消费者之间的"亲情"关系。有了好关系，消费者自然就愿意"照顾"你的生意。

3. 真诚对待顾客

真诚对待消费者，是人性化销售工作的核心理念。世界上最伟大的销售人员乔·吉拉德非常清楚消费者心目中关于销售人员的恶劣形象，他立志做一个对消费者讲诚信，让消费者信赖的销售人员。在他看来，对消费者讲诚信，不仅仅是一件有关名声、信用的问题，而是一件求生存的事情。追求诚信让吉拉德成为世界上最伟大的销售人员。他总是面对面地非常诚恳地对他的每一个顾客说："我不仅要站在我出售的每一部车子后面，同时我也要站在它们的前面。"

正如吉拉德所言，真诚对待消费者不仅仅是一件有关名声、信用的问题，而是一件求生存的事情。只有让消费者感受到来自销售人员真诚的对待、诚心的尊重，销售才有成功可言。

4.周到服务顾客

对销售人员而言,顾客就是自己的衣食父母,就是上帝,对上帝的服务自然要周到,这是人性化销售必不可少的环节。每一个行业对周到服务顾客的具体要求有所不同,但核心却是不变的。主动、热忱、微笑、耐心、高效服务是周到服务顾客必不可少的内容。在具体应用时,要根据本行业要求和实际情况灵活运用。

5.给顾客优惠

顾客总是喜欢要优惠的,虽然很多时候这些优惠对他们来说可有可无,甚至无足轻重。销售人员不可漠视顾客的这种要优惠心理,并尽可能予以满足。比如实行会员销售制,赠送客户折扣券、礼品,定期举办各种答谢活动等。虽形式不一而足,但实惠却是实实在在的。

人性化服务是拉近顾客和销售方的"灵丹妙药",在市场竞争激烈的情形下,谁赢得了客户,谁就赢得了市场,由此销售人员一定要抓住,并用好这枚"灵丹妙药"。

我喜欢你是因为你喜欢我

人往往会把自己当成世界的中心，把自己的需要作为衡量一切的标准。人的这种本性决定了，当人们发现一个人喜欢自己，不管对方客观情况怎样，通常就会无条件地对对方有好感。

心理学家曾做过这样一个实验，他们安排互不相识的被试者分别参加一系列合作性活动。每次交往以后，有意安排一名被试者（研究者的助手）对研究者评价其他被试者（真被试），或夸奖，或抱怨，或先褒后贬，或先贬后褒，并让各组被试者听到。

最后，被试者自己选择下一阶段实验的合作者时，受到表扬的被试者都倾向于选择原来的伙伴（研究者的助手），而受到抱怨的被试者，则倾向于拒绝选择原来的搭档（研究者的助手）。

心理学上对此的解释是，任何人都有保持自己心理平衡的稳定倾向，都要求自身同他人的关系保持某种适当性、合理性，并根据这种适当性、合理性使自己的行为以及和别人的关系得到调整。这样，当别人对人们做出一个友好行为，对人们表示接纳和支持时，人们会感到"应该"对别人报以相应的友好应答。这种"应该"的意识，会使人们产生一种心理压力，迫使人们也表示相应的接纳行为，否则，人们的行为就是不合理、不适当的，就会妨碍自己以某种观念为基础的心理平衡。

除了这种"善意回报"心理之外，还因为喜欢我们的人会使我们体验到愉快的情绪。只要一想起他们，就会同样想起和他们交往时所拥有的快乐，因而看到他们就自然有了好心情。更重要的是，那些喜欢我们的人，使我们受尊重的需要得到了极大的满足。因为他人对自己的喜欢，是对自己的一种肯定、赏识，说明自己对他人有较大的价值。

所以，如果你想让你的"目标人物"喜欢并尊敬你，就要先让他知道：你喜欢并尊敬他。销售人员大可利用这个心理效应，去赢得消费者的好感，拉近关系，为交易打好基础。

销售人员每天可能要面对许多从未谋面的人，对每一个消费者示好是个挑战，同时也不太可能对每个消费者都抱有好感，但即使我们不喜欢，也不要表现出来。非指示治疗法的创始人C.R.罗杰斯建议："心怀'无条件的好感'去面对对方吧！对方必会敞开心扉，对您怀有好感。"当你面对一位抑郁的初见面者时，可以反复在心中默想："他是好人！"这种感觉不知不觉地也会感染对方，使其心胸敞开。相反，如果我们想"真是个讨厌的家伙"，原本不怀敌意的对方就会真的如我们所想，变成讨厌的人，就会对我们生起敌意。

当然，如果你对对方的好感，没有传达给对方，那也是无效的。只是在心里想"这个人不错"是不够的，一定要把这个意思传达给对方，才能产生效果。

乔·吉拉德成功的秘诀之一就是设法让消费者喜欢他。为此，他会去做一些看上去是费力不讨好的事情，比如，每一个节日他都会给他的1.3万名顾客每人送一张问候的卡片，卡片的内容随季节而变化（新年快乐、情人节快乐、感恩节快乐等），但卡片的封面上写的永远是同一句话："我喜欢你。"用乔·杰拉德自己的话来说："卡片上除此之外就没有什么别的东西了，我只是想告诉他们我喜欢他们。"

乔·杰拉德正是借助于这种方式使他每年的收入都超过20万美元,创下连续12年都赢得"销售第一名"的纪录。他平均每一个工作日都会卖掉5辆车,被吉尼斯世界纪录称为世界上"最了不起的卖车人"。

除了这种"直抒胸臆"的表达方式,还可以这样做:"我一向很腼腆,但是见到××先生,却一点也不觉得拘谨""见到您,觉得心里很踏实",可以通过这样的话,把自己对对方的好感暗示给对方。只要对方不是特别讨厌你,就会受此感染而喜欢你的。

此外,还可以这样暗示对方你对他感兴趣:"哦,您的脾气真好""中午吃的什么呢""您的宝贝一定很乖吧"。对对方的这些细微的问题表现出兴趣,可以传递你喜欢对方、关注对方的意蕴,对方自然就会受到感染而对你有所回敬。

你还可以把你对对方的喜欢、尊敬,诚恳地告诉第三者,比如你们共同认识的人。一旦该信息传到对方耳中,相信对你的印象会进一步加深。

总之,"喜欢是会传染的",只要你表现出喜欢消费者的样子,往往就会让消费者对你产生好感,进而接受你,这样你的生意才好做。

亲切地叫出顾客的名字

每个人对于自己的名字都很看重，都将其视为自己密不可分的一部分。两个人见面，如果一方亲切地叫出对方的名字，那么对方一定会感到非常亲切，两人的关系似乎因这一称呼而密切了不少。从这个意义上说，如果销售人员能够记住每一位顾客的名字，并在见面时以合适的方式叫出来，那么必然会让对方精神愉快，心生好感。

泰国的东方饭店是一家历史悠久的大饭店。多年以来，几乎天天客满，不提前一个月预订很难有入住的机会。一个饭店能经营到这种程度，自然有其特殊的经营秘诀。除了饭店的住宿、餐饮、娱乐等消费环境让人备感舒适和享受以外，还有一个重要的小细节让来过这里的消费者记忆尤深，也都因此愿意再次光顾，这一细节就是那里的工作人员会记住他们的名字，并在见面时亲切地叫出来。

该饭店规定，每一楼层的服务生在头天晚上要背熟每个房间客人的名字，并熟练地称呼。比如，史密斯先生入住了这家饭店，早上起床出门，就会有服务生迎上来："早上好，史密斯先生！"下楼时电梯门一开，站立电梯一边的服务生会问："史密斯先生，用早餐吗？"走进餐厅，有服务生问："史密斯先生，要老座位吗？"菜上来后，如果有问题需要询问，服务生每次都会退后一步才回答，以免口水喷到菜上。史密斯离开几年后，还会收到饭店寄来的信："亲爱的史密斯先生，祝您生日快乐！您已经5年没来，期待您的光临。"

记住名字并亲切地叫出来,虽然只是一个小小的细节,但给消费者的影响却是很大的。公关专家经常强调,从事服务业的人,只要能记住消费者的名字,消费者就会跟着你走。

这就要求销售人员要记住顾客的名字,以便在见面或者打电话时能亲切地叫出来,以拉近和顾客的关系。也许会有人说:"我记性很差,老是记不住别人的姓名。"或是说:"我的记忆力不好,经常人跟名字对不起来。"或者说:"我太忙了,实在没有时间记住他们的名字。"真的是这样吗?

其实,多数人不记得别人的名字,只是因为不肯在这上面花时间和精力。雪佛兰通用汽车分公司的总经理巴布·兰德能记住6000个人的姓名;美国前邮务总长杰姆能记住50000个人的名字。

要牢记人名,可参考下面三个方法:

一是用心听。把记别人姓名当成重要事情去做。每当认识新朋友时,一方面要用心注意听,另一方面要牢牢记住。若没听清对方的大名,请立刻再问一次。切记!每一个人对自己的名字,比全世界的所有人名合起来还关心。

二是利用笔记帮助记忆。别过于相信自己的记忆力,在知道对方的情况后,最好将对方的情况写在笔记上或者输入手机,包括名字、嗜好、专长、生日等情况。

三是重复帮助记忆。在初次谈话中,可以找机会故意多叫几次对方的名字,以便加深记忆。如果对方的姓名很少见或很奇特,不妨请教其写法与姓名的来历。

名字,虽然只是人的代号,但是却最直白地把人和人做了区别。记住别人的名字,并在合适的场合亲切地称呼出来,对销售人员而言,无异于一件增进和消费者关系的法宝,利用好这件法宝,自会给销售之路带来不少便利。

第六章

把话说到点上——客户的痛点，是销售攻略的焦点

话不在多，而在精准。说在心坎上的话，一句顶千句。在与顾客的交流中，销售人员若能找准对方的"痛点"，重磅出击，必能触动顾客心弦，促成交易。

话不在多，攻心最关键

英国人波普说："话犹如树叶，在树叶太茂盛的地方，很难见到智慧的果实。"这话放在销售市场上同样适用。

也许很多人会觉得，销售不就是靠耍嘴皮子功夫吗，不多说怎么说服客户掏钱下单呢？

其实不然，惜字如金、默默无语自然不能做好销售，但废话连篇、絮絮叨叨更是与交易无缘。通用电气公司的一位副总经理曾说："在代理商会议上，大家投票选出导致销售人员交易失败的原因，结果有314个人——也就是一半多的人认为，最大的原因在于销售人员喋喋不休，这是值得注意的结果。"

事实上，销售口才是非常有讲究的，不在多而在精、在准。那些只会僵硬、空洞地说教的销售人员，很难让客户对其推销的产品产生兴趣。对于那些空话、套话，客户实际上是很反感的，甚至认为听这种谈话是在浪费时间。可想而知，这一类销售人员的销售业绩自然是不会好到哪里去的。

销售人员一定要记住，话不在多，攻心最关键。

曾经有一家文化用品公司的一名负责推销学生用语言复读机的销售人员，一次在电话里向一所学校的负责人推销公司新进的多功能语言复读机。尽管他把自己推销的产品介绍得非常好，功效有多么齐全，但是说了半天，却丝毫没有打动这位负责人。而且，电话那头的人显然失去了继续听下去的兴趣——"就这样吧，再联系吧！"说完把电话挂断了。

这个销售人员不想放弃这样一位有意向的客户，可是，该介绍的都已经介绍完了，还能说什么呢？

突然，他灵机一动：自己推销的是小学生使用的多功能复读机，其中有一项功能是原音再现，如果自己可以用动画片里的配音把产品更生动地演绎一下，是不是效果更好呢？想到这里，这个销售人员决定先学会动画片里的配音，然后再联系那位负责人。

他马上买了一套当下孩子们非常爱看的《熊出没》的动画片，从头到尾看了起来。很快他就发现这部动画片里熊二的声音独特，而且行为搞笑，肯定是孩子们爱看、爱模仿的对象。于是他决定模仿熊二的配音，经过认真揣摩和用心模仿，他不但学会了熊二的配音，而且还学会了熊二的一套动作。

一个月后，这个销售人员再一次联系了那位负责人，这回他没有在电话里推销，而是要求和这位负责人在学校见面洽谈。来到学校之后，他也没有急于推销产品，而是先给这位负责人表演了自己学习的成果。他惟妙惟肖的表演，吸引了这位负责人的目光。他由衷地赞叹道："你表演得真棒！我们的小学生都非常爱看动画片，你们这款复读机的这个功能非常有吸引力，我想孩子们使用之后也一定会爱上学习。"

最后，这位负责人心甘情愿地签订了一笔订购50台复读机的订单，而且还与这位销售人员建立起了长久的合作关系，经常主动帮助他推销产品。

可见，话不在多，"攻心"才是关键。销售不在于把话说得天花乱坠,把嘴皮子磨破,把客户缠得不厌其烦。要签单,关键是要把话说到客户心坎儿里去。

要想做到这一点,销售人员需要从以下几个方面来努力:

1.专业知识要扎实

销售人员要对自己的公司、自己销售的产品,以及本行业的发展动态,有充分的了解和深入的掌握,这样在推销的时候,就能够恰到好处、重点突出地推销。平时可通过各种途径不断地学习与提高,及时掌握最新的行业信息,找准产品的优势及卖点,做到能以一个专家身份向客户介绍公司以及自己推销的产品。

2.避免刻板介绍

与客户交谈时,销售人员需要以专家的身份介绍一些行业政策和知识,但这并不意味着非要使用专业术语。因为如果客户本身很少接触某一行业,销售人员照本宣科的介绍往往无法让客户真正理解。这就需要销售人员化繁为简,将专业术语巧妙地口语化,让客户能够快速理解目标,用不同的宣传形式向不同知识水平的客户介绍。

3.有针对性地沟通

如果销售人员不明白客户的真正需求,不知道顾客的"痛点"在哪里,只顾自己夸夸其谈,就不能把话说到顾客的心坎上,也就不能触动顾客,不能触动顾客自然也就不会有成交的机会。因此,在与顾客沟通前,销售人员应该对客户的情况尽量做更多的了解。交流中,要摸清顾客内心的真实想法,然后针对顾客的具体情况和真实需求公关,交易多半就会达成。

说在心坎上，一句顶千句

在销售的过程中，相信很多销售人员一定碰到过这样的情况：已经使出浑身解数向消费者推销产品，却还是没能获得对方的认可；而那些和消费者说说笑笑，对产品只是只字片语一带而过的推销员却能够成功地征服消费者。这是为什么呢？

这其中的关键就在于能否把话说到消费者的心坎上。说到心坎上的话一句顶千句。戴尔·卡耐基曾说过："一个人的成功，约有 10% 取决于知识和技术，85% 取决于发表自己意见的能力和激发他人热忱的能力。"可见语言表达能力的重要。尤其是对于"靠嘴吃饭"的销售人员来说，把话说到消费者的心坎上，就等于推销成功了一大半。

那么，如何才能把话说到顾客的心坎上呢？

1. 投其所好打开心扉

当你做一件事，需要别人的认同，接受你的观点或想法时，你先要打开对方的心扉，然后投其所好，才有可能让自己的心愿达成。

乔·库尔曼是美国金牌寿险推销员，他在刚开始推销时，曾遇见了一家木器工厂的老板罗斯。罗斯平常忙得不可开交，不愿意和销售人员接触，许多推销员对他无计可施，可是库尔曼却成

功地让这个人买了自己的保险。当时推销的情境如下:

库尔曼:"您好,我是乔·库尔曼,是某保险公司的推销员。"

罗斯:"又是推销员。今天,你已经是第十个来我这里的推销员了。我手上有很多事情要做,没有时间听你说话。快走吧,别再烦我了,我没有时间!"

库尔曼:"请允许我自我介绍一下,只需10分钟。"

罗斯:"难道你听不明白吗?我没有时间听你讲话!"

库尔曼没有放弃,他低下头看了看放在地板上的产品,然后张口问道:"您干这一行有多长时间了?"

罗斯:"哦,22年了。"

库尔曼不失时机地接了下去,继续问道:"您是怎么开始做这个的?"

这句话立即在罗斯身上产生了不可抗拒的魔力。他开始滔滔不绝地谈了起来,从早年的坎坷到创业的艰辛,再到自己取得的成绩,一口气谈了一个多小时。最后,罗斯还热情地邀请库尔曼参观自己的工厂。

那一次会面,库尔曼并没有卖出去保险,但是他却和罗斯成了朋友。然而,在接下来的三年里,罗斯先后从库尔曼那里买走了4份保险。

由于多种原因,很多人对接触销售人员都有一种抵触心理,不愿意与其交流,这种情况下,如果销售人员不懂得寻找顾客的"痛点",不懂得用话语打开对方的心扉,那么必然让销售之门关得更严。反之,若懂得寻找顾客"痛点",又知道如何把话说到点上,就可以消除双方之间的陌生感,拉近彼此的距离,赢得进一步交流的空间,为交易打好基础。

2. 精准赞美取得好感

天性的原因，每个人都喜欢受到别人的赞美，并对赞美自己的人自然也抱有好感。因此，如果推销人员能够运用恰当的语言，在合适的时机下巧妙赞美和恭维消费者，再提出相关的问题，就很容易取得对方的好感，随后的推销过程也就会顺利得多。

有一位外贸公司经理觉得自己能力很强，品位高，经常摆出一副冷冰冰的面孔，让人感觉很难接近。一位销售人员在一次外贸展会上与这个公司的这位经理见了面，一见面就说："陆总，您好，早就听闻您的大名，说您特别有能力，品味高雅，见识卓越，而且非常体谅我们这些在底下办事的人员，这次有机会和您合作，实在是倍感荣幸。"听完这番话，那位经理脸上马上露出了笑容，并愉快地接待了这位销售人员。

这位销售人员的成功之处就在于他正确地赞美了对方，让对方十分受用。试想有哪个人会让夸奖自己的人难堪呢？

赞美也是要讲究技巧和方法的，不是美言相送，随便夸上两句就会奏效的，如果赞美的方法不当还可能起到相反的作用。所以，在赞美时，要恰如其分，切忌虚情假意、无端夸大。这就要求销售人员在与对方交流时，要注意观察，注意体会，准确把握对方的心绪。

成功学家林道安曾说："一个人不会说话，那是因为他不知道对方需要听什么样的话；假如你能像一个侦察兵一样看透对方的心理活动，你就知道说话的力量有多么巨大了！"当销售人员可以做到把话说到消费者的心坎上时，就会让双方的交流成为维护双方关系的"润滑剂"，进而有助于销售朝着预期的目标顺利进行。

问对了就能成交

和顾客打交道，提问要比讲述好。因为提问可以了解顾客关注的重点。那种通过夸夸其谈就能拿订单的日子已经远去了，现如今不懂得倾听和提问的销售人员是无法在销售界立足的。常言道："关键不在于你说什么，而在于你怎么说。"这句话非常有道理。只有通过提问发现客户的需求，才能迎合他们的心理，从而赢得订单。

提问有引导作用，问得好会让被提问者不知不觉跟着提问者的思路走。有这样一个关于"提问引导"的实验：实验人员先给在场观众播放一场车祸的幻灯片。其中一张幻灯片里出现一个黄色的让行牌，让行牌旁有一辆红色的小型跑车。实验人员问观众："你们有没有看见别的车经过停车牌旁边的跑车？"结果，大部分人都记成了跑车旁有一个停车牌，而不是让行牌。实验人员的问题改变了人们对于所见事物的记忆。

可见提问有极好的引导作用，但要知道并不是所有的提问都能起到这样的作用，它有一定的方法和技巧性。

1. 直接式提问

客户都有被理解的欲望，对他们而言，"你理解其需求"要比"他了解你的产品"重要得多。当然，就算客户没有这样的心理，销售人员也必须首先了解客户的需求，这样才能针对顾客的需要为其提供恰当的服务，促使交易达成。这时最好采用直接提问法，简单明了。拜访客户前应该做好了解客户的功课。在了解客户基本情况的基础上，根据实际情况针对最根本的销售目标进行逐步分解，然后再根据分解之后的小目标考虑好具体的提问方式。

2.探索式提问

在与客户的沟通中，客户往往不会轻易暴露自己的真实意图。如果你只说不问，不一定知道客户真正关心的是什么，主要问题在哪里，要像中医那样，通过望、闻、问、切对客户的需求进行正确的"诊断"，并就诊断结果提出有策略性的问题，摸清客户的需要，把握客户的心理状态，透视客户的动机和意向，从而探听到对方的底牌。这种提问就是探索式提问。

3.引导式提问

引导式提问常用的方法是连续肯定法，这个方法是指销售人员所提问题要便于客户用赞同的口吻来回答。通常情况下，由销售人员告诉客户自己的产品有多好，顾客往往会怀疑；但引导着让顾客自己说出来，那对于他们来说就是确凿无疑的。具体来说，就是销售人员提出一系列问题，让客户连续回答"是"，等到要做出购买决定时，由于事先制造的有利情况，顾客很容易做出肯定答复。这就顺利促成了交易。

在这个过程中要求推销人员要有准确的判断能力和敏捷的思维能力，每个问题的提出都要能引导客户回应"是"，从而将交易向前推进。

设计问题提问顾客时，要掌握下面几个要点：

（1）问题不要过于复杂。太过复杂的问题会让客户失去回答的兴趣，从而让沟通陷入困境。

（2）问题要有较强的目的性。问题是为了向销售目标靠近，因此问题的设计要围绕这一核心目的进行。

（3）问题要能够控制。提出问题的目的之一是要掌握双方交流的主动权，因此设计的问题要让客户的回答在我们所期望的范围内，万不可让问题失控。

（4）问题的引导性要强。问题是为了引导客户按照我们的意愿进行，让客户的回答与我们的期望一致，所以问题的引导性一定要强。

不能充分了解消费者，就无法满足他们的需求。这是恒久不变的销售成功前提。对销售人员而言，很多时候关键真的不在于你说什么，而在于你问什么，问对了就能成交。

先聊产品再说价格

很多销售人员，特别是一些销售新人，在销售过程中，往往会被顾客引导，过早地谈及价格，这是一种错误的销售手法。因为多数顾客都很在意价格，价格是顾客的"痛点"，如果在条件还没有成熟的情况下，就把价格说出来，顾客可能因价格不合适而一走了之，致使交易中断。优秀的销售人员往往在条件成熟时再把价格以一种艺术性的手法阐述出来。

史密斯是阿肯色州一个皮革公司的销售经理。一次，他负责推销公司新生产的带状皮革制品。他把新产品展示给一个顾客看，然后问顾客："您认为这产品如何？"

"嗯，不错，我非常喜欢它，但是我猜想如果我想拥有的话，您会告诉我它是非常贵的，而我要为它付出一个荒谬的价格，在您之前，我已经听说了。"

"先不要去考虑这个。"史密斯说，"我知道您懂得贸易，经验丰富，您对皮革和兽皮都有一定的研究，您能告诉我它的成本是多少？"

顾客受了奉承，心里很是受用，也愿意回答。他告诉史密斯他认为可能是45美分一码。

"您说得对。"史密斯用惊奇的眼光看着他说，"您不愧是行家，真不知道您是怎样知道的？"

两人畅谈起来，最终，这名顾客从史密斯手里以45美分一码的价格订购了一批带状皮革制品。双方对事情的结果都很满意。但是，即使两人谈得很愉快，史密斯也决不会告诉顾客公司最初给产品的定价是39美分一码。

在这个事例中，史密斯就没有受顾客的诱导，过早把价格透露给顾客，而是先说产品，在利用产品引起顾客兴趣时，再不失时机地将价格因素引入进来，让顾客给产品定价，最终取得了主动，完成了交易。

许多销售人员都会提出这样的一个问题："顾客在什么情况下会降低对产品价格的敏感度？"存在这样的情况吗？答案是肯定的。实际上，当销售人员的产品和服务足够好，同时能够符合顾客的心理需求，那么它的价值便在无形中得到提升。这时候即使提出的价格较高，对方也多半不会有太多的抵触情绪。

这说明了在产品、服务与价格的比较中，产品和服务才是至关重要的，价格是附属在产品、服务价值上的。越是独一无二的产品和服务，越能够彰显其价值的独特，在价格上也能够占据一定的优势。反之，如果产品和服务不好，即使价格很低，也鲜有人问津。只因为，产品和服务对顾客才是最重要的。

这也启示销售人员，在与顾客沟通时，要突出产品和服务的价值，弱化产品的价格。这也是要求销售人员在与顾客沟通时，要先谈产品再说价格的原因所在。其目的就是先使顾客认可产品和服务的价值，然后在此基础上去谈价格，让顾客感觉物有所值而愿意接受价格。

如果顾客将价格的话题过早地抛了出来，这时，销售人员应当尽量回避直接作答，可以巧妙地将问题引导到产品价值方面，比如，可以说"价格的高低要依据产品的质量来定"，或是"那就需要看您选择的是哪种类型的产品了"。随后，将价格的话题引向产品的介绍中。如果遇到一些执意要求谈论价格的顾客，那么，可以这样来回应：其一，直接告诉对方产品的价格，然后将话题引向产品的介绍上；其二，可以对顾客进行反问，"您对产品感兴趣吗""您需要哪种产品呢"其三，不进行正面的回答，而进行侧面的诱导，"请问您需要多少产品呢？价格可以根据产品的订购数量来进行适当的优惠"。

这些回答方式各有优劣，比如说，顾客听到第一种回答后可能会说："我还是再考虑一下吧。"听到第二种回答后顾客很可能会说："不是，我只是随便问问而已。"或者说："暂时没有确定下来。"听到第三种回答后，顾客或许会谈及购买的数量。

所以，销售人员仅仅找到回答顾客的话还是不够的，还需要将顾客的需求和兴趣统统掌握住才有可能在面对顾客的提问时应答自如，也才能将话说到顾客关注点上。总之，要把握好交流价格的时机，让顾客在最舒服的时候接受价格，下定购买的决心。

从顾客的角度来看，总是想买到更便宜的商品，这是人之常情。其原因多种多样，有的顾客有一种强烈的自我表现欲，希望在讨价还价中显示自己的能力；有的顾客对销售人员及其产品的价值不太信任，担心自己吃亏上当；还有的顾客想以价格为借口，获得其他方面的优惠。正是基于这些心理，他们想早些知道产品的价格。

通常情况下，无论销售人员报出的价格是高还是低，绝大多数顾客出于不同的心理，总会对销售人员说价格高，进而与销售人员讨价还价起来。

销售人员要想在这种讨价还价中获胜，就必须首先分析在价格异议的背后，究竟是哪一种动机在作怪。唯有如此，才能摸准顾客是否有意购买或愿意花多少钱购买。对于无意购买的顾客，视情况可不再多费精力去与之周旋，而对于有意向购买的顾客，则要想办法促成交易。办法就是前面所说的努力突出产品和服务的价值，以获得顾客的认可，最终促成交易。

在报价上做好文章

报价看似很简单,其实不然。报价太高,会把客人吓跑,太低又没有利润,只有一个合理专业的报价,才能为销售方赚取利润,并赢来更多的客户。合理报价遵循的流程应该是,首先让客户有一个关于产品和价格的正确概念,吸引客户继续了解产品的具体情况。其次,在不了解客户心理价位的情况下给出报价,其报价应该给客户留下讨价还价的兴趣和空间。

我们在商场里经常会看到定价为99元的商品,99元与100元只有一元之差,店家为什么不干脆标成100元呢?

心理学研究表明,99元定价的意义有两个方面,一是对消费者杀价行为的委婉拒绝,二是降低消费者的对抗心理。商品价格定在99元,大约可以断定是卖方从110元或更高的价格降下来的,等于卖方间接告诉顾客:开价就是底价。赔钱生意没人做,既然已经降到底线了,再耗费时间来杀价就意义不大了。此外,整数定价给人价格等级的感觉,100元和99元虽然只差了1元,但100元是三位数,给人的感觉好像贵了很多,而99元似乎便宜了很多(虽然只便宜了1元)。

很多商家也往往把商品价格定在"8"上,这又是为什么呢?

研究表明,"8"的标价往往是最有诱惑力的价格。因为价格一旦订在"8"上,顾客马上就会出价5或0来压价,我们最常听到的杀价过程是：

销售人员："卖180元。"

顾客："便宜一点，150元好啦！"

销售人员："不行的，先生，那太便宜了，没有利润的。"

顾客："那170元可以吧？"

面对"8"的报价，买家的出价一定是5或0的整数，从来不会有人说："这个算我156元吧？" 客户往往是先出价150元再妥协到170元，所以说"8"的报价很有诱惑力，一旦报价有价格诱因，让买家有想出价的欲望，就等于一个好的开始。

报价并不是盲目地要价，而要讲求技巧。除了例子中所说的"9"和"8"的运用之外，好的报价更在于销售人员对客户心理的准确把握。

1. 报价前充分准备

报价前要认真分析客户的购买意愿，只有了解他们的真正需求，才能拟出一份有的放矢的报价单。有些客户将低价作为自己下单最重要的衡量因素，如果一开始就报给他接近底线的价格，那么赢得订单的可能性就大。但是价格并不是越低越好，对于看中产品质量的客户，低价不但对他没有吸引力，还会使其产生怀疑，影响交易。所以报价前要了解客户的真实意愿。除了要了解客户外，还要做好市场调研，清楚市场的最新动态，掌握市场价格变化，因为"随行就市"报价才可能促成买卖成交。

2. 报价时讲究技巧

报价讲究步步为营，不适宜一步到位，要不然容易让自己陷入被动境地。通常，高开价，慢让价，让客户慢慢尝到甜头，看到希望，但又要通过艰苦努力获得，这样会让客户有一种赢了的感觉。当然"高开价"也不能高得离谱，否则不等你让步客户就被吓跑了。

3.报价后巧妙跟进

一般来说报价之后不要马上跟单，可以先具体地介绍一下产品。这样一方面可以让客户更好地了解产品；另一方面也给客户一个考虑的机会。等你觉得客户考虑的差不多的时候再去跟单。但是要注意的问题是：不要直接提价格，不要问客户要或者不要的问题，因为这样会让客户觉得你的报价有问题，而你想快速成交。可以跟客户说刚才的产品你们有现货，如果下单，交货期可能会缩短等。暗示客户，不只他们中意这种产品。如此就传递了这样一种认知：我们的产品很受欢迎，要想拥有下单就得快。

报价是销售的重要环节，掌握得好不好直接关系到交易是否能顺利达成。所以，一定要提高对报价的重视，掌握报价的技巧。在摸清顾客真实意愿的基础上，合理报价，争取交易成功。

用承诺消除顾客心理担忧

消费的过程中，出于对产品质量、产品使用、售后服务等多方面的担忧，有许多消费者显得忧心忡忡，迟迟不敢做出购买的决定。这时，如果销售人员能提供一份可靠的承诺，使顾客的购买行为变得毫无风险，或者最大限度降低风险，就会大大消除顾客的心理担忧，从而客观上促进交易向前发展。

当然，提供任何产品和服务都是有一定风险的，这一点是毋庸置疑的，所以对消费者的承诺要建立在对产品和服务有保证的基础上，要不然极容易让承诺无法兑现，最终失去消费者。有了产品及其相关服务的支撑，销售人员就可以大胆地对顾客做出承诺，用承诺消除顾客的心理担忧，促成交易。

一家外贸服务公司的软件系统时常出毛病，严重影响了公司的工作效率。公司领导决定采购更先进的软件系统，全面更新公司旧软件系统。

软件推销员宋煜获知这个消息后，前来洽谈这一笔生意。通过前期努力，外贸服务公司的相关负责人对宋煜推销的软件系统有了一点意向。但是，鉴于以前购买的软件系统质量不高，再加上成交数额较大，这名负责人迟迟不肯签单。

面对这种情况，宋煜向这名负责人保证："如果贵公司采用了我们的软件系统，我们免费安装、免费调试，保证如合约所说服务到位，运行当中如出现问题，售后会在第一时间处理，如没有达到所承诺的功效，免费全额退货，还包赔由此带来的一切损失。"

外贸公司的负责人看到宋煜态度如此自信坚定，想了一会儿，说："好，就按之前说的，签合同吧！"

在销售过程中，每当顾客遇到产品的单价过高、总额比较大、风险比较大、对产品不是十分了解、对其特性质量也没有把握时，产生心理障碍或成交时犹豫不决下不了决心是非常正常的。对此，销售人员要给予充分的理解，并要抓住合适的机会及时向顾客做出承诺，提出保证，增强顾客的信心，促进交易向前。

在上面的事例中，外贸服务公司要更换软件系统，由于数额较大，而且对采购的软件信心不足，因此公司负责人在签单时犹豫不决。此时，销售人员如果不能进一步做出让客户满意放心的承诺，恐怕订单不能顺利签下来。

向顾客承诺的最大优点就在于能够增强说服力，尤其是当销售人员信誓旦旦地保证或者承诺顾客可以实现什么利益时，顾客往往能迅速下定决心，放心消费。但是，销售人员在使用这种方法时，也需要注意一些问题，要努力让承诺"走入"消费者心里，方能赢得实效。

1.承诺必须依据能力来进行

这是非常重要的一点。试想，一个电视机销售人员向顾客承诺，购买这款电视一个月内出现任何问题，十倍价值赔偿，这种承诺脱离实际，消费者是不会相信的。事实是承诺的依据，这里所指的事实既指顾客所需要承诺的事实，又指产品本身和企业本身的事实。谨记不要做出无法兑现的承诺，否则极容易让自己失去顾客的信赖，而且还会带来麻烦。

2.要摸清顾客的成交心理障碍

在销售过程中，销售人员只有摸清顾客的成交心理障碍，针对顾客所担心的主要问题做出可靠承诺，提供保证，才能够有效消除顾客的后顾之忧，增强顾客成交的信心，促使顾客下决心签单。否则，做出的承诺就无法打动消费者，或者做出的承诺不利于自身，给自己带来麻烦。

一个销售人员向一位顾客推销产品，顾客慢条斯理地将销售人员刚才提出的优惠条件重复了一遍。这个销售人员认为顾客仍然还没有下决心购买，急切之下承诺将产品的服务保修期延长到10年，顾客不动声色地接受了这一保证。实际上，这个销售人员没有摸清顾客的心理，自作聪明，错将顾客的习惯行为当作了对方的异议，结果做出了不利于自己的服务承诺。这大大地增加了销售的成本，为后来的销售带来了不少麻烦。

即使有实现承诺的能力，也不要过度承诺，过度承诺会使自己承担过于繁重的义务，不利于以后销售工作的展开。因此，销售人员在利用这种方法说服顾客签单时，一定不能过度承诺，而是要有理、有利、有节地承诺。

第七章

会说不如会听——你说他听，
有时不如他说你听

不是只能说、只会说就可以取得顾客欢心的。在说之前，先要学会倾听顾客的"心声"，弄懂顾客的心意，方能让说有针对性，也方能说得对，说得好。

80%的交易靠倾听完成

人们感知这个世界，主要靠眼睛看到的信息，其次才是听到的信息。但是，在销售中，80%的交易要靠耳朵完成。双方通过对话来进行沟通，透过听觉获取信息并做出判断。因此，学会倾听，掌握倾听的心理学，是销售人员的必修课。

可是这一论断却不为相当一部分销售人员所接受，在这部分人看来，交易要靠嘴巴来完成，要能说会道，口吐莲花，方能赢得顾客的欢心。可实际情况却是，能说固然重要，但会听更重要。能说者往往会以自我为中心，而忽略了对方的感受和想法，这必然会引起对方的反感和厌恶。听消费者说话，让消费者多表达自己的想法，会让他们感到受重视，满足表达自己的心理需求。同时，销售人员还可以从消费者的表达中，获得有用的信息，帮助自己了解消费者的心理，从而实现有效的沟通。

关于这一点，世界上最伟大的推销员乔·吉拉德深有感触。以下是他的亲身经历：

一次，一位客户来找他商谈购车事宜。在交流过程中，吉拉德口若悬河，产品优势、售后服务，说得周到详细，一切进展顺利，成交似乎没有问题，但对方突然决定不买了，这让吉拉德百思不得其解。到了晚上，吉拉德仍为这件事感到困扰，他实在忍不住就拨通了对方的电话。

"您好！我是乔·吉拉德，还记得我吗？今天是我向您推荐的爱车，一切都那么美好，您为什么突然走了呢？"

"哦，乔·吉拉德，你知道现在几点钟了？"

"真抱歉，我知道是晚上11点了，但我检讨了一整天，实在想不出自己到底错在哪里。因此冒昧地打电话来请教您。"

"真的？"

"肺腑之言。"

"好吧！你是在用心听我说话吗？"

"非常用心。"

"可是，今天下午你并没有用心听我说话。就在签字前，我提到我的儿子即将进入密西根大学读书，我还跟你说到他的运动成绩和将来的抱负，我以他为荣，可你根本没有听我说这些话！"

听得出，对方似乎余怒未消。但乔·吉拉德对这件事却毫无印象，因为当时他确实没有注意听。

话筒里的声音继续响着："你宁愿听另一名推销员说笑话，根本不在乎我说什么，而我也不愿意从一个不重视我的人手里买东西！"

一切都清楚了，是乔·吉拉德没有倾听顾客的诉说，让对方感觉受到漠视，因而拒绝合作。下面这个例子恰恰相反：

弗兰克是一名人寿保险推销员。有一次，他参加一个横跨各州的巡回演讲活动，每周有5个晚上对着几百名听众发表演说。这次经历，让他在圈内有了更大影响力。

演讲结束后，弗兰克返回家里，立即投入到保险推销工作中去，同时也没忘了向人们讲述自己的演讲经历。费城一家牛奶公司的总裁以前和弗兰克做过一小笔生意，两人算是熟人。弗兰克前去拜访他。一见面，这位总裁就递一支烟过来，说道："弗兰克，说说你的巡回演讲吧！"

弗兰克清楚自己此行的目的，于是把话题转移到生意上去："完全可以，不过我更想知道你的近况。你现在忙什么呢？生意红火吧？家庭都好吧？"

这位牛奶公司总裁便给弗兰克谈起了最近的生意和家庭，而弗兰克则把注意力放到倾听对方讲话上来。就这样，这位总裁滔滔不绝地讲故事，弗兰克在旁边耐心地听着，不时哈哈大笑。整个拜访过程，弗兰克没说一句有关保险的事。就在这位总裁把弗兰克送到门口时，忽然问道："弗兰克，我打算为公司管理人投险，你说28000美元够不够？"

整个会谈中，弗兰克没说几句话，完全在听对方说，没想到最后却得到了一份订单。这其实并不奇怪，顾客在说的过程中，获得了快感，在可能的情况下，自然要有所回报。

实际上，在听顾客倾诉的时候，不但可以让顾客获得表达的机会，给顾客留下好印象，同时还可以从中获取对销售有价值的情报，从而提高合作的概率。

早在2000多年前，古罗马政治家西赛罗就说过："雄辩之中有艺术，沉默中也有。"但是，许多人却忘记了"听"的艺术。销售人员应该首先扮演好听众的角色，而后才是演说家。做到这一点，自然就会收到神奇的效果。

倾听客户说话时要注意什么

一般情况下，我们每个人都希望得到别人的关注，都希望自己所讲的话别人愿意听、喜欢听。消费者尤其如此。你的倾听，不仅会让消费者认为你受到他所讲的话题的吸引，而且也会为你自己赢得揣摩消费者心思的时间，这样对双方有益的事情，为什么不多做一些呢？

倾听有一定的技巧和注意事项，不要忽视这些技巧和注意事项，只有把握好了它们，才能获得理想的倾听效果。

1. 姿态自然真诚

在倾听的时候，要面向消费者，身体前倾，把目光集中在消费者的脸、嘴和眼睛上，让消费者感觉你会记住他所说的每一句话、每一个字。还可以不时地用"嗯""哦"等回答向消费者表示你在认真听他说话，也可以适当发问或者对其谈话的内容进行重复，这样做会使你的表现显得足够诚恳，消费者内心就会得到满足，认为自己得到了关注，合作的机会就会变得很大。

2. 避免坏情绪

倾听时，即使你对消费者的观点不赞成，或认为他的要求不合理，也要尽力控制自己的情绪，不要激动，更不能发怒，亦不要对消费者的观点和想法急于下结论，要等到消费者说完之后再发表自己的意见。只有这样，消费者才能感受到被尊重，即使你下一步是拒绝，他们也不会觉得你是在敷衍他，而是实在不能做出让步。

在否定消费者的观点时，态度要谦虚。作为销售人员要时刻记住尊重你的消费者，要用谦虚的心态和礼貌让消费者觉得你不但是推销产品的专家，而且还是一个有修养的人，这样消费者才能产生和你进一步沟通的想法，你提出的意见他们也就比较容易接受了。

3.注意肢体语言

一个人的表达内容，并不一定都"含"在他的话语中。在聆听客户谈话时，要注意客户的"肢体语言"，包括声调、语气、神态以及手势、动作等，这些"肢体语言"常常不经意透露出客户的本意，因此，不要忽略对它们的观察。

4.要跟上节奏

思考的速度通常要比讲话的速度快若干倍，但是如果精神溜号的话，则很容易跟不上讲话的速度。因此在聆听客户谈话时，精神要集中，勤于思考分析，以便跟上顾客的节奏，取得良好的倾听效果。

5.给予充分时间

有时，谈话并不是一下子就能抓住重点的，难免有些啰唆和无用之语，这个时候不要着急，要给予客户充分的时间，让客户不慌不忙把话说完，即使出现停顿，也不要催促，以免影响顾客的思路。

在倾听的基础上，要根据情况适时引导客户多说自己的事情，这才是倾听的真正秘诀所在。要知道，谈论一个人最感兴趣的话题是通往其内心的最佳捷径。

最后，还要记住一条原则——永远不要表现得比消费者更聪明。聪明是好事,但是处处显露自己的聪明就是愚蠢了。

认真倾听,是销售人员与客户关系的催化剂,能够让销售人员获得更多的赢单机会。学会倾听客户谈话的销售人员,会真正走进客户的心里,在双方之间建立起信任与默契。

在销售过程中,你可以选择自己出风头,从而丢掉生意,也可以选择把光彩让给消费者,换来他们对你的认同和财源滚滚。选择并不难,如果你真的聪明的话,应该懂得怎样取舍。

耐心倾听三部曲

在倾听客户说话时，要表现出耐心来，这是一名合格销售人员必备的素质。在倾听中要弄清楚客户"话里""话外"所蕴含的要求与期望，同时让客户感到你对他的重视与关怀，为合作奠定良好的基础。

许多销售人员很清楚耐心倾听客户说话的重要性，但具体怎么做和注意哪些事项并不是很了解，对这个问题，可通过下面三点加以注意：

1. 微笑服务

一位营销专家曾说过这样一句话："好的倾听者，用耳听内容，用心'听'情感。"实际上，这是在强调倾听的态度。没错，正确的倾听态度是达到优秀倾听效果的前提。

以电话销售为例，当电话响起的那一刻，销售人员就要对电话那端相隔遥远的客户露出甜甜的微笑（虽然对方看不到）。然后，不论那一方是男高音或女低音，年轻人或老人，吐字清晰与否，是否带着口音，都要积极地去倾听，而不是皱起眉头。

2. 避免干扰

很多销售人员都有过这样的经历：一次答非所问的交流，让客户失去了耐性，合作就此搁浅。所以，销售人员要提高对客户讲话的重视。在客户讲话时，要全神贯注去倾听，要注意避免下列因素的干扰：

第一，环境干扰。比如说周边的谈话声、周围人的走动声乃至窗外的风声雨声等，都会对倾听产生影响。谈话前要想到环境因素，尽力营造一个安静的外界干扰少的谈话环境。

第二，思想溜号。在倾听客户说话时，要尽力避免思想溜号。平时要注意加强专注力的训练，把心思放在当前的事情上，不让无关的事情干扰心绪。如果缺乏这方面的信心，就要选择在自己心情平静的时候与客户交流。

第三，以音取人。客户形形色色，口音各异。有的客户普通话讲得不好，带有浓重的方言味；有的客户说话不利索，结结巴巴；有的客户带有口头禅。不要受此干扰，更不要大惊小怪，避免"以音取人"。

3.主动倾听

一位销售人员接到了一位客户的投诉，原来公司在核算产品价格时出现了小小的误差，给这位客户造成了麻烦。尽管前面已经有两位销售代表为其提供了解决方法和建议，但他仍拨打了第三个电话。这位销售人员没有重复提出具体的解决方案，而是让这位客户痛快淋漓地将他的不满发泄出来。

在整个过程中，销售人员只是耐心地听着，不时地回答"是的""感谢您对我们公司的支持"等。最后，客户变得友善起来，终于开始询问如何妥善解决。这时这个销售人员才说出具体的解决方案，结果对方平和地接受了建议，并夸他服务态度好，期待合作。

假如仅仅用语言告诉别人"你尊重他"，对方不一定相信。可是你主动倾听对方的讲话，事实上就是用一种无声的"语言"表达了你对他的尊重。行动胜过言语，客户是聪明的，自然能判断出你将"心"用在了哪里。

　　沟通从"心"开始，每一位顾客都愿意自己的话能被商家重视，能被销售人员重视。无论诉求能不能得到实现，这一点都是不变的，所以重视与顾客的谈话，是销售人员拉近与顾客关系、提高业绩必不可少的重要一环。

通过语态听出客户的性格

语态反映的是一个人说话的语言风格、语气态势以及节奏感等。在交谈的时候，听者不同，语境不同或者目的不同，语态也就随之有所不同。事实证明，从一个人说话的语态上，可以窥探出一个人的性格来。

对销售人员而言，可以通过客户的语态识别客户的性格特征以及心理状态，具体来说，可从以下方面入手。

1.善于使用恭敬用语的客户

这类客户大多比较圆滑和世故，他们对他人有敏锐的洞察力，往往凭借三言两语就能够感知他人的心理状况，然后对其投其所好。销售人员要提防被这类客户灌迷魂汤，进而丧失正确的判断。

2.善于使用礼貌用语的客户

这类客户大多有较高的学识和文化修养，能够给予他人足够的尊重和体谅。他们心胸比较宽广，有一定的包容力。与这类客户打交道，会感觉到无比轻松，并且能够从他们身上学到与人相处的智慧和技巧。

3.说话非常简洁的客户

这类客户性格豪爽、开朗、大方，行事干脆和果断，说到做到，拿得起放得下，反感犹犹豫豫，拖泥带水，办事非常有魄力，开拓精神可嘉，有敢为天下先的胆量。与这类客户打交道，销售人员也要学得干脆、果断，不拖泥带水。

4. 说话拖拖拉拉的客户

这类客户大多性格比较软弱，责任心不强，遇事易推脱逃避，胆子比较小，心胸也不够开阔，经常纠结于一些鸡毛蒜皮的小事。与这类客户交流，要避免与之发生争论，以免陷入无休止的辩论中。要把话说到点子上，且准确传达给对方。

5. 说话习惯用方言的客户

这类客户感情丰富，同时又特别重感情。自信心比较强，有一定的胆量和魄力，事业多成功。跟他们打交道，可以酌情使用感情筹码，播撒人情种子，极有可能在某一天获得回报。

6. 善于劝慰他人的客户

这类客户才思敏捷，对人情世故有深刻而又正确的理解和认识。由于感情丰富，他们易于和他人产生共鸣，因此在交往中可以发展成知心朋友。

7. 好为人师的客户

这类客户，一般来说自我意识强烈，喜欢卖弄，自以为是，表现欲望强烈，希望自己能够引起他人的注意。走进这类人的内心，最根本的一点是满足他们好为人师的心理，注重倾听他们的心声。

8. 经常污蔑他人的客户

这类客户心胸狭窄，嫉妒心强，爱搬弄是非，无法容忍别人比自己好。与这类客户接触，要注意掩饰自己的才干，展露自己普通的一面，从而避免引起对方的嫉妒和反感。

9. 说话尖酸刻薄的客户

这类客户多不太尊重他人，缺乏必要的礼貌，说话难听，喜欢挑剔，似乎永远也没有满意的时候，人际关系不是很好。与这类客户打交道要少说多听，避免与之发生争论。

顾客万万千千、形形色色，各有其不同的性格特征。在与性格不同的客户接触交流中，要注重发挥倾听的功效，努力通过语态、神情、语气窥探出对方的性格特征，然后采取针对性的策略与之交流沟通，争取获得融洽的人际关系，为交易打下良好基础。

口头语展示客户心性

倾听客户谈话的时候,销售人员要注意甄别对方的口头语。因为它在很大程度上反映了客户内心的真实性情。

"口头语",其实又叫"口头禅",原指那些没得道的和尚,常把一些玄而又玄的禅语挂在嘴边,装作好像得道了的样子。演变至今,成了个人习惯用语的代名词,仿佛未经大脑就已脱口而出。

正因为逃过了意识的筛查,我们才能看到口头语后面深藏的潜意识,所以有人称它为"心灵的莫尔斯电码"。口头语的形成和性格有关,也和所处环境以及接触人群有关。对销售人员来说,它们是打开客户心门的一把钥匙。

语言是社会的产物,特定时期社会的流行语,能折射出特定时期的社会现状和一个群体的社会心态。比如,"随便"这个词代表着不确定性,喜欢用这个词的人可能心态比较弱,没有主见和目标。喜欢说"随便"的人,往往是爱随大流、不能为自己做主的人,同时,还隐藏着"错了别怪我,和我没关系"这样推卸责任的潜台词。

那么,客户常见的口头语有哪些呢?它们分别代表了当事人怎样的心境呢?下面是对客户常见口头语的归纳和总结。

(1)经常使用"我个人的想法是……""是不是……""能不能……"之类词汇的人。这类人较和蔼可亲,通常客观理智,遇事能冷静思考，认真分析，然后做出正确的判断和决定。与这类客户打交道，要表现出谦逊温和的一面，让对方感受到你的可亲可敬。

（2）经常使用流行词汇的人。这类人热衷于随大流，喜欢浮夸，缺少个人主见和独立性。与这类客户打交道，可以酌情使用一些流行、前沿的概念，让对方感受到你见多识广、专业性的一面，利于达成交易。

（3）经常使用"确实如此"的人。这类人多浅薄无知，自己却浑然不觉，还常常自以为是。与这类人打交道，要表现出专业、博学的一面，展开销售攻势，在滔滔不绝的说教中拿下订单。

（4）经常使用"绝对"之类词语的人。这类人心思简单，性格粗鲁，做事武断。与这类客户打交道，最好要让他们说出自己的条件、要求，而后表明自己的立场，以争取主动。

（5）经常使用外来语言和外语的人。这类人虚荣心强，爱卖弄和夸耀自己。对于这类客户，可以用富有诱惑力的价格以及其他优惠条件，来吸引他们合作。

（6）经常使用"我早就知道了"的人。这类人有表现自己的强烈欲望，意念之中，只能自己是主角，他人只能是配角。与这类人打交道，要有委曲求全的精神，做适当的让步争取合作。

（7）经常使用"这个……""那个……""啊……"的人。这类人说话办事都比较小心谨慎，一般情况下不会招惹是非，是好好先生。与这类客户沟通时，不要着急，要给对方充足的考虑时间，不要逼对方短时间下决定，以防引起对方反感。

（8）经常连续使用"果然"的人。这类人多自以为是，强调个人主张，以自我为中心的倾向比较强烈。与这类客户打交道，要多照顾他们的感受，尽量给他们主动权和尊重。

（9）经常使用"其实"的人。这类人自我表现欲望强烈，希望能引起别人的注意。与这类客户打交道，要多多给予对方肯定和赞美，让他们感受到你的敬意和热情。

（10）经常使用"最后怎么样"之类词汇的人。说这话的人大多是潜在欲望未能得到满足。如果你的客户是这样的人，你可以询问对方希望达到什么样的目的和要求，并尽力满足其要求。

（11）经常使用"我……"之类词汇的人。这类人注重自我感觉，总是寻找各种机会强调自己，以引起他人的注意。与这类客户打交道，要尽量给予他们发表个人意见的机会，并仔细倾听，让他们有被重视的感觉。

（12）经常使用"真的"之类强调词汇的人。这类人普遍缺乏自信，平时唯恐自己所言之事可信度不高。在听这类客户说话时，要用真诚的眼神看着对方，并要不时地点头，借以传递信任，以增强对方的自信。

（13）经常使用"你应该……""你不能……""你必须……"等命令式词语的人。这类人多专制、固执、骄横，充满自信，有强烈的领导欲望。与这类客户接触，不妨让他们先发表高见，在倾听中掌握他们的诉求、底线，然后再采取合适的方法进攻，达成合作。

（14）经常使用地方方言，并且还底气十足、理直气壮的人。这类人普遍自信心很强，个性独特。对这类客户不能采取直接的进攻方式，最好绕个圈子说话办事，成功的概率更大。

（15）经常使用"我要……""我想……""我不知道……"的人。这类人思想比较单纯，爱意气用事，情绪多变。和这类客户接触，要学会引导，以自己的情绪带动对方的情绪，营造有利于达成合作的氛围。

口头语是长期、高频使用而形成的，具有鲜明的个人特色，一定程度上体现了个人的性格特征。在销售的过程中，要注重从口头语考察和了解客户，准确把握客户的心性，做到知己知彼，为合作打下良好基础。

第八章

劝导不如诱导——让顾客去做，永远不如让顾客想去做

让去做和想去做，是两个层面的东西。顾客内心不愿意，再怎么说也没用。顾客内心愿意，你不说他也主动去做。在说服顾客消费上，劝导远不如诱导更有力。

说什么重要,怎样说更重要

沟通中,有一个著名的"7/38/55"定律,这是柏克莱大学的一位叫艾伯特·马伯蓝比的心理学教授花了10年时间研究出来的。这个定律说的是旁人的观感,当人们进行面对面沟通的时候,会使用到三个主要的沟通元素——用词、声调,还有肢体语言。这三项元素在沟通中所担的影响比重分别为:用词占7%,声调占38%,肢体语言占55%。

从这个定律中,可以清楚这样一件事:销售口才必须多样化,而且必须全方位配合进行。在一场销售活动中,销售人员说了什么,的确很重要(销售毕竟是靠嘴吃饭的职业),但有时候,这些话怎么说,会显得更重要。

在一次大型的汽艇展示活动中,很多顾客都在兴致勃勃地参观。一位来宾对一艘汽艇表现出了浓厚的兴趣,他问一旁的销售人员:"这艘汽艇售价多少?"那个销售人员表情僵硬、语气冷淡地告知了汽艇的价格。这位来宾虽然对这艘汽艇很感兴趣,但是看着对面那张"平静"的脸,他还是悻悻地走开了。

当他走到下一艘汽艇面前时,模型旁的销售人员一脸微笑地跟他打招呼,这让他顿时轻松了许多,于是他再次问了一句:"这艘汽艇售价多少?"销售人员面带微笑告知了汽艇的具体价格,并且说:"您可以先参观一下,看看是否合您的要求。"这名来宾参观了汽艇之后,爽快地签下了一张订购单。

有时候,销售就是这么简单。你的表情、你的语气会在第一时间决定你能否获得客户的认同和好感,决定他们是否愿意和你进一步接触。

这提醒销售人员,在提高口才技巧的同时,别忘了利用面部表情、语气等作为辅助,给顾客一个好的感觉。具体来说,可以从以下两个方面开始学习和修炼。

1.语气上

(1)保持柔和。于消费者而言,他们常常会不自觉地抬高姿态,他们喜欢销售人员以低姿态和他们交流,如果销售人员的语气过于生硬,他们的这种心理就得不到满足,他们也可能会认为销售人员并不是诚心想要和他们做交易而拒绝进一步交谈。因此,销售人员在与客户交流时,切忌语气生硬,而应保持柔和,这样的语气会显得亲和一些,客户听了也会觉得舒服。

(2)语露真诚。对于销售人员来说,真诚既是一种品质,又是一种技巧,只有当客户感受到你语气中真诚的关怀、诚心的尊重,销售才有成功可言。尤其是那些在平时说话时习惯用夸张的方式来吸引别人注意的人,在和客户沟通的时候,一定切记不要使用这种方式。因为你的客户并不了解你或者根本不认识你,如果交谈时你说话的语气太过夸张很可能给他们留下不好的印象。

2.表情上

(1)面带微笑。微笑有特殊的作用,可以在极短的时间内打通陌生人之间的情感通道,是人际交往的润滑剂。在销售活动中,很多时候,销售人员面对的是陌生的客户,如果在与之交流时,销售人员表情僵硬，甚至冰冷漠视，缺乏亲切的微笑，那么无论你的语言有多动听，客户也会因为你僵硬、冷漠的表情而与你心存隔阂。所以在与顾客交流时，你的脸上一定要带着真诚、温和的微笑。

（2）眼神传情。作为销售人员，你很可能会遇到这样的情况：你非常真诚地去和客户交流，但是对方的脸上还是流露出不信任的神情。此时，你该怎么办呢？一方面你要注意一下自己说话的语气，另一方面就是要注意自己的眼神。面对客户时，要尽可能地让对方看到你的眼睛，把你的友好与诚意通过你的眼神传达给客户。

说什么很重要，但怎样说更重要，好话需要好好表达，才可能有好效果。对销售人员而言，灿烂的微笑、柔和的语气、真诚的表情，再加上得体的表达，就是诱导消费者的"饵料"，使其卸下心防，心甘情愿"上钩"。

婉言相劝，巧妙激将

在销售的过程中，销售人员经常会遇到一些"不慌不忙"的消费者，虽然他们对产品有需求，也对产品满意，但就是犹豫不定，总想着等等看。面对这些消费者，要想获得订单，销售人员不妨尝试利用消费者的好胜心、自尊心，采用激将法促使他们做出购买决定，迅速签单。

要注意的是，激将法并不是适用于任何人的，在使用上，一定要根据不同的对象，采用不同的刺激方法，才能收到满意的效果。正如著名潜能大师安东尼·罗宾所说："自尊心、虚荣心和好胜心，是激将法的绝佳伴侣。如果你的客户恰好对这些都不是那么敏感，那么很难起到激将的效果，甚至还有可能把一桩很有希望的生意逼进死胡同。"所以说激将法不是万试万灵的，而要在具体使用时注意一些事项，方能使其起到应有的效果。

那么，在具体的销售过程中，销售人员使用激将法来促进交易时应该注意什么呢？

1.准确把握消费者的心理变化

激将法的使用，一定要建立在准确把握消费者心理变化基础上。要知道，唯有对自尊心、虚荣心和好胜心较强的消费者，才可能激发出他们的购买欲望。

日本著名寿险推销员原一平，在一次推销中采用了这种办法。他把目标锁定在了一个性格比较孤傲的消费者身上。尽管他已经拜访这位消费者三次了，但是这个消费者却一直对他不理不睬。这一次，原一平实在是沉不住气了，于是便对这个消费者说："您真是个大傻瓜！"消费者一听急了："你说什么，你敢骂我？"原一平立刻笑着对他说："您别生气，我只不过是和您开个玩笑而已，千万别当真。只是，我觉得有些奇怪，您比利华公司的老板更有钱，可事实表明他的身价却比您高得多。因为，他购买了100万元的人寿保险。"如原一平所料，这位消费者被激怒了，他当面决定通过原一平购买200万元的人寿保险。

需要注意的是，激将一定要选对对象，如果对象不合适，不但很难起到"激将"的作用，甚至还有可能因激怒对方而失去一笔原本有希望的单子。一般而言，年纪轻的要比年纪大的容易激将，见识少的要比见识多的容易激将，越是讲究衣着打扮的、好争高比强的、地位较高、受人尊重的人越怕被别人看不起，这样的人也越容易被激将。在促成订单时，销售人员可以根据具体的消费对象，采用具体的方法去激将他们。

2.绝不能说伤害消费者自尊心的话

虽然激将法会对促进交易起到很大的作用，但是在使用时一定要避免伤害对方的自尊心。如果时机、语言、方式不合适，就可能引起对方的不满和愤怒。所以不要过多、过于强硬、过于苛刻地使用激将法，那只会让你和对方的关系越来越僵。

一名销售人员和消费者经过讨价还价，最后决定以30万元成交一辆车，消费者当天交了8000元的定金。第二天，这位消费者不知道是什么原因，只带来了29万元，加上前一天的定金，还差2000元。这位消费者一再向销售人员解释说："家里有事，现在只能筹到这么多钱了。"销售人员却说："不会吧，像您这样的大老板，区区2000元都拿不出来吗？不可能的，别骗我了，我真是领教了你们大老板的做事风范！"

听了销售人员的话，消费者感到自尊心受到了伤害，他决定取消这次交易。销售人员本想激将对方痛快拿出剩余的2000元，没想到却触怒了对方，最后竹篮打水一场空。

作为销售人员一定要清楚，消费者始终是拥有成交的最后决定权的，即使采用激将法"逼迫"消费者签单，最后促成了交易，但消费者却依然可以事后来退货。因此在以语言刺激消费者购买时，一定要以不伤害对方自尊心为前提，否则不但会失去交易，还得罪了对方。

3.要自然流露不夸大其词

在采用激将法促进交易时，一定要注意自己的态度和表情，应该自然地流露出来，绝对不能为了达到效果而夸大其词，否则便很容易让消费者看出来是在"激"他，产生逆反的心理，进而导致交易失败。

阿里巴巴近年来每年都会邀请一些政界名流、文体明星、业界大腕参加"西湖论剑"活动。2010年9月，马云把邀请的对象瞄准了一位重量级人物——好莱坞电影巨星、美国加利福尼亚州州长阿诺德·施瓦辛格。两人见面，一阵寒暄后，马云说："我的'西湖论剑'活动马上就要开始了，去年我请来了克林顿和科比，今年我想到了您。您曾是世界健美冠军、好莱坞电影明星，后来又成为拥有亿万资产的成功商人，现在是美国的州长。可以说，您是一位成功的'多面体',一个人就代表了政治、文艺、体育、环保、商界等多个方面,因此说,我邀请您这样一个多才多艺的嘉宾就可以代替多个嘉宾,这就是我请您来'论剑'的理由。"听了这番话,施瓦辛格非常高兴地接受了邀请。

由于激将法由来已久,很多人对此比较了解,在使用激将法时容易被对方看穿,因此,在利用这一方法时,不管是在语言还是表情上都要显得平静自然,才有成功的可能。

另外,还要注意"激"的力度,千万不要过激!因为激将的真正目的是要说服。孟子说:"以力服人者,非心服也,力不赡也。以德服人者,中心悦而诚服也,如七十子之服孔子也。"所以激将也要用理使其激,然后再使其心服。

从心理层面上讲,要我干,不如我要干。销售人员如能在与消费者的交流沟通中,婉言相劝,巧妙激将,自然会激发出消费者强烈的购物欲望,主动联系,主动成交。运用得好,要比其他方式更能让消费者心甘情愿掏腰包。

让顾客按着你的思路走

许多销售人员会产生这样的困惑：为什么我把产品介绍得很全面、很到位，消费者听得也很仔细，可是真正到了成交的时候，他们就是没有反应，不愿意立即成交呢？其实根本原因就在于消费者在心里有自己的想法与需求，而销售人员只想着自己快速推销产品，却没有认真地了解消费者的真实心理与想法，单纯地把自己的思维强加到消费者身上，这样自然很难成交了。

事实上，成功的销售人员都不会向消费者直接推销自己的商品，而是提出一个通常人们都能够或者乐意接受的小小要求，从而一步步地最终达成自己推销的目的。这其实就是心理学上的"得寸进尺效应"。

这一效应源于美国心理学家做过的一个实验：研究人员随机访问一组家庭主妇，要求她们将一个小招牌挂在她们家的窗户上，这些家庭主妇愉快地同意了。过了一段时间，再次访问这组家庭主妇，要求将一个不仅大而且不太美观的招牌放在庭院里，结果有超过半数的家庭主妇同意了。与此同时，研究人员又随机访问另一组家庭主妇，直接提出将不仅大而且不太美观的招牌放在庭院里，结果只有不足20%的家庭主妇同意。

不言而喻，前一组的家庭主妇同意率之所以超过半数，是因为在这之前对她们提出了一个较小的要求；而后一组的家庭主妇同意率之所以不足20%，是因为在这之前对她们没有提过较小的要求。换句话说，前一组的家庭主妇的同意率之所以高于后一组的家庭主妇，是因为在人们的潜意识里总希望自己给人留下首尾一致的印象。心理学家就将这种心理现象称为"得寸进尺效应"，又叫"登门槛效应"。

一个成功的销售过程就可以形象地比喻成"登门槛"，一步一步，一点点地实现你对消费者的"虏获"。

例如这个例子：一位消费者选定一条价值20美元的领带，正当他掏出信用卡准备付款时，那位推销员问道："您打算穿什么样的西服来配这条领带？""我想我那件藏青色西服应该很合适吧。"消费者回答说。"先生，我这儿有一种漂亮的领带正好配您的藏青色西服。"说完，他就抽出了两条标价为25美元的领带。"是的，正如你所说，它们确实很漂亮。"消费者点着头说，并把领带顺手放进了购物袋中。

"再看一看与这些领带相配的衬衣怎么样？""我想买一些蓝色条纹衬衣，可我刚才在哪儿都没有找到。""那是因您没有找对地方，您穿多大号的衬衣？"还没有等消费者反应过来，推销员已经拿出了四件蓝色条纹衬衣，单价为60美元。"先生，感觉一下这种质地，难道不是很棒吗？""是的，我想买一些衬衣的，但我只想买3件。"最后，消费者心满意足地离开了服装店。

你明白发生了什么事吗？那位推销员把20美元的生意变成了230美元的交易，而这位消费者却完全没有提出过异议，这就是"得寸进尺"的神奇！

再看一个更为夸张的例子：

一个乡下小伙子来到城里百货公司应聘销售人员。老板问他："你以前做过销售人员吗？"

小伙子老实回答:"以前在村里挨家挨户推销过东西。"老板喜欢他的坦诚:"明天来上班吧。下班的时候,我会来看一下。"

上班第一天,小伙子感到很难熬,不过也快熬到下班了。老板真的这时过来了,问他:"今天做了几单买卖?"

"一单。"小伙子回答。

"只有一单?"老板有些吃惊,"要知道你的同事一天可以完成20单到30单生意。那一单多少钱?"

"30万美元,"年轻人回答道。

"啊,一单卖到那么多钱?"老板更吃惊了。

"是这样的,"小伙子说,"顾客是一位先生,我先卖给他一个小号鱼钩,然后中号鱼钩,最后是大号鱼钩。接着,我又卖给他小号鱼线,中号鱼线,最后是大号鱼线。我问他准备去哪里钓鱼,他说他准备去海边钓鱼,于是我建议他买条船,我带他到卖船的专柜,卖给他有两个发动机的纵帆船,可是他告诉我他的汽车可能拖不动这么大的船,于是我又带他去汽车销售区,卖给他一辆丰田新款豪华型'巡洋舰'。"

老板表情惊讶,难以置信地问道:"只不过要买个鱼钩,你就能卖给他这么多东西?"

"不是的,"小伙子又一次语出惊人,"他不是来买鱼钩的,他是来给他妻子买卫生棉的我就跟他说'你的周末算是毁了,为什么不体验一下钓鱼的乐趣呢?'"

作为销售人员,不要一开始就急于推销自己的产品,可以通过巧妙的引导,让他们一直跟着自己的思路走,将其带入自己精心设计的环环相扣的谈话中,从中得出自己想要的信息,然后再提出能够符合消费者需求的产品,这样,消费者自然会痛快地成交了。

让引导成为说服的第一手段

心理学研究表明，人性中，思维是有一定惰性的，特别是在较为轻松或相对疲倦的时刻，人对外界的判断没有原先那么敏锐，也不能对当前的情况做出更合理的分析。对做事来说，这种心理特性不会带来好处，但对于销售人员来说，消费者的惰性思维却是可以善加利用的。具体来说，就是要学会引导消费者的思维一步一步地走向自己想要的结果。

从下列两方面对这一销售思想解读一下。

1.让消费者多说"是"

让我们先来看下面一段对话：

销售人员："今天的天气真不错啊！蓝天白云！"

消费者："是啊。"

销售人员："您住的小区的绿化搞得真好。"

消费者："嗯，是的，住在这样的小区里，每天都能呼吸到新鲜的空气。"

销售人员："您家阳台上的那盆花是您养的吧，真漂亮。"

消费者："那是我在日本旅游时带回来的，没有想到这种花在这里也能长得这么好。"

销售人员："这花越看越漂亮，高贵典雅，真是漂亮。"

消费者:"是啊,在日本这种花不怎么贵,但是在国内,这种花就贵得吓人了,一盆这样的花要好几千呢。"

销售人员:"我们公司新出几款小型家具,很适合您家,这是宣传册,您看一看。"

消费者:"哦,好的,我看看。"

消费者把销售人员递过来的宣传册拿在手里开始翻阅,此时销售人员又说:"您看这个小装饰架是不是很适合放在阳台?"

"是的。不错!"

要是到了这样的地步,那么成功的可能性就有了。而销售人员之所以会问消费者那么多的问题,目的之一是想利用消费者的惰性思维,让对方一直说"是"。

科学研究表明,一个人在说了多个"是"之后,就很难说"不"字了。这是因为人在说了多个"是"字之后就具有了一种惯性,要让他们在接下来的谈话中打破这种惯性思维就不那么容易了。

所以,销售人员在与消费者交流的时候,应该先强调彼此都同意、认同的事,并且需要不断地强调,以换来对方肯定的答复。特别是在成交期,一定要尽量避免谈论一些可能有分歧的事。如果能做到让消费者多说"是",少说"不",就有助于交易向前不断迈进。

2.给消费者提供"二择一"的选择

有甲乙两家卖粥的小店紧挨在一起,每天的客流量也相差不多,然而晚上结算的时候,甲店总比乙店多出百十元,天天如此。

这是什么原因呢?原因就出在服务员身上,因为乙店的服务员在顾客进店坐下来之后,就给顾客盛上一碗粥,并问顾客:"加不加鸡蛋?"要是顾客说"加",她就给顾客加一个。每进来一个顾客，服务员都要问一句："加不如鸡蛋？"也有说加的，也有说不加的，大概各占一半。

可甲店的服务员就不一样，尽管同样是问顾客加不加蛋，但是甲店的服务员问的是："加一个鸡蛋，还是加两个鸡蛋？"再进来一个顾客，服务员又问一句："加一个鸡蛋还是加两个鸡蛋？"爱吃鸡蛋的就要求加两个，不爱吃的就要求加一个。这样下来，在甲店喝粥的顾客至少加一个鸡蛋。所以，一天下来，甲店就要比乙店多卖出很多鸡蛋，这样两个店的盈利情况就有了差别。

甲店的营销策略就是给顾客提供"二择一"的选择，在不知不觉中引导了消费者多消费，有效地降低了消费者购买时的犹豫心态。

惰性思维有多种表现，对销售人员来说，要想把消费者的惰性思维利用好，就要好好研究一下，弄清楚它们的特征以及表象下的心理，然后针对不同的情况，灵活应用，巧妙引导顾客向成交靠近。

让顾客多说"是",少说"不"

营销学家发现,一旦让一个顾客开始就说"是",顾客便容易忘了他们与销售人员之间的争执,并且愿意做销售人员所建议的事。但是如果让顾客一开始说"不",则会有相反的效果。这就提醒销售人员在与消费者沟通时,要尽可能让顾客多说"是",少说"不"。

经验表明,让顾客多说"是",少说"不",销售人员要站在顾客的角度,为顾客的利益着想,再采用顾客能接受的方式表现出来,才能获得顾客的认同,进而让顾客说"是"。

米洛是一名银行窗口工作人员,她对银行的规章制度十分熟悉,知道哪些程序必须要按照银行的规定来进行,哪些程序是可以规避的。有一天,她突然想,能不能不要跟客户说银行需要怎么做,而是从客户的角度说,客户应该怎样做。如果这样的话,客户是不是很愿意配合工作?她决定试验一下。

一天,一位年轻客户来银行办理存款业务,他拒绝填写表格中的某些资料,若是以前米洛一定会告诉对方:"银行规定的,这个必须填写。"但是今天她却说:"其实这一栏并不是非写不可。但是,假如您不幸遭遇意外,是不是愿意银行把钱转给你所指定的亲人?"

"是的，那是自然。"顾客回答。

"既然这样，您是不是认为应该把这位亲人的名字告诉我们，以便我们届时可以依照您的意思处理，而不致出错或拖延？"

"是的。"他再度回答。

这时，年轻人的态度已经缓和下来，知道这些资料并不只是为银行而留，而是出于他自身的利益的考虑。所以，最后他不仅填写了所有的资料，而且在米洛的建议下，开了一个信托账户，指定他的母亲为法定受益人。当然，他也回答了所有与他母亲相关的资料。

事例中，由于刚开始时米洛就让顾客做出肯定的回答，这样反而使顾客忘了原本所坚持不愿回答的问题，而很乐意地去按照米洛的建议做了许多事情。这种让对方说"是"的沟通技巧让米洛完美解决了与顾客间的分歧。由此可见，一个销售人员想要取得与顾客的完美沟通，学会让顾客做出肯定回答有多重要。

不可否认，在与顾客的交流沟通中，让顾客说"是"非常重要，它会一步一步将交易引向成功。在需要做购买决定的时候，顾客的心理往往很敏感，一旦察觉哪儿不对，会极大地动摇做交易的决定。因此，这个时候，一定要引导顾客多说"是"，水到渠成地完成交易，而避免让顾客说"不"。

戴维斯是西冷机械公司的推销员。他负责推销的区域内住着一位农场主。戴维斯积极与这位农场主接触，试图向其推销发动机。

经过三年的公关，这位农场主终于许诺通过戴维斯购买几部发动机。戴维斯再次去拜访这位农场主的时候，这位农场主却说戴维斯推荐的发动机太热，不能把手放在上面。

戴维斯知道这个时候是关键阶段，处理不好很可能前功尽弃。于是，他打算找出让对方说"是"的方法来。

稍想了一会儿，戴维斯对那位农场主说："安德森先生，如果我推荐的发动机确实过热的话，您不应该再买。无论是谁都不希望花了钱买到发热量超过标准的发动机，您说是不是？"

"是的。"安德森说。

"是这样的，安德森先生，"戴维斯接着说，"我国电工行会的规定是，一架标准的发动机的温度不能比室内温度高72华氏度，是这样吗？"

"是的。可是你的发动机却高出了这一温度。"安德森说。

"您能告诉我您工厂的温度是多少吗？"戴维斯问他。

"75华氏度。"安德森想了一会儿然后说。

"既然这样，那就好了，"戴维斯笑着说，"75华氏度加上72华氏度等于147华氏度。如果你将手放在147华氏度的水里，你会不会被烫伤呢？"

"当然会的。"安德森不得不承认。

"既然这样，"戴维斯继续说，"我建议你最好不要把手放在147华氏度的发动机上面。"

安德森沉思了一会儿，然后说道："我明白你的意思了，我认为你是对的。"

接着他们又谈了一会儿，最后，安德森答应第二天与戴维斯签订购买10台发动机的协议。事后，戴维斯总结道："争辩不是聪明的办法。我们要站在对方的立场上去看问题，要设法让对方说'是，是'，这才能让交易真正走向成功。"

在销售的过程中，特别是在成交期，销售人员与顾客交流的时候，尽量避免谈论一些可能有分歧的事，应该着重强调彼此都同意、认可的事，并且不断地强调，以换来对方肯定的答复。在这个过程中，可以试着让对方知道，即使你们有分歧，那也只是方法上的分歧，而不是目标上的。如果能成功做到让顾客多说"是"，少说"不"，就表明交易正在朝着你想要达到的方向前进。